Mathematik

2

Schülerbuch

Erarbeitet von
Ümmü Demirel
Astrid Deseniss
Claudia Drews
Christina Hohenstein
Christian Grulich
Anne Schachner
Susanne Ullrich
Christine Winter

und
der Cornelsen Redaktion
Primarstufe

Cornelsen

Das Hunderterfeld

Hierüber solltet ihr gemeinsam sprechen.

- die Zeile
- das Kästchen

die Zeile
das Hunderterfeld

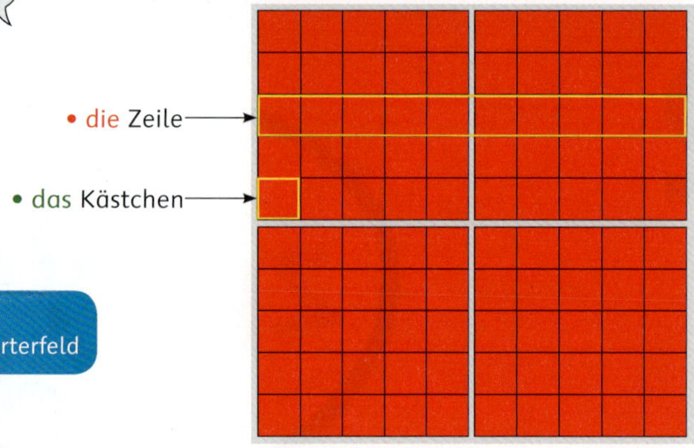

10 zehn
20 zwanzig
30 dreißig
40 vierzig
50 fünfzig
60 sechzig
70 siebzig
80 achtzig
90 neunzig
100 hundert

① a) Wie viele Kästchen sind auf dem Hunderterfeld?
   b) Wie viele Kästchen sind in einer Zeile?
   c) Wie viele Zeilen sind es?

② Zeige am Hunderterfeld.
   a) 20   b) 40   c) 10   d) 30   e) 60   f) 80   g) 70
   h) Zeige eigene Zahlen.

③ Wie viele Kästchen sind es?
   a)   b)   c) 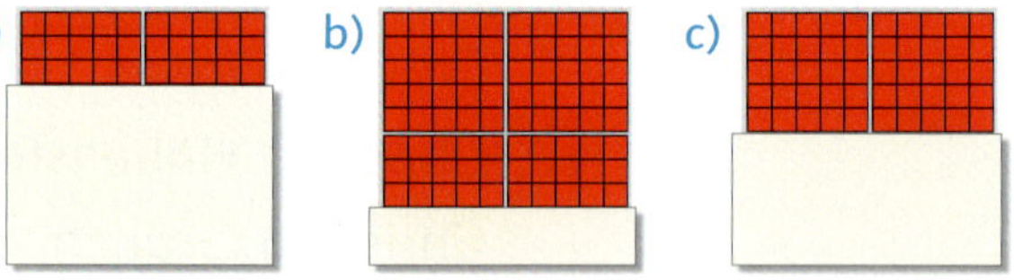

S.18 Nr.3
a) 3 0

④ Wie viele Kästchen sind verdeckt? Ergänze bis 100.
   a)   b)   c) 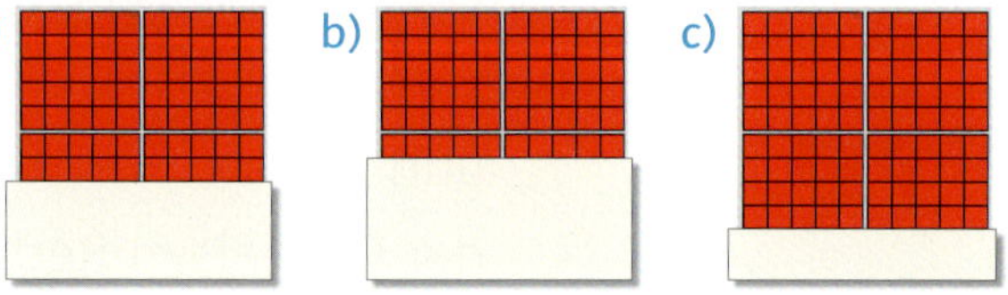

S.18 Nr.4
a) 7 0 +   = 1 0 0

Leo und Lina bringen Hilfsmittel oder erinnern an Strategien.

Plättchen und Zwanzigerfeld

Partnerzahlen

18 **Didaktische Information**
Entdeckungen der Struktur auf dem Hunderterfeld; Ergänzen bis 100; als zusätzliche Hilfe kann beim Ergänzen auch eine durchsichtige, farbige Folie verwendet werden

Sprechen
Es sind 10 Kästchen in einer Reihe/Zeile.
Mit dem Begriff Reihe an die Alltagssprache der Kinder anknüpfen, bevor ausschließlich der Begriff Zeile verwendet wird.

▶AH 11
▶KV 11

Das bedeuten die Zeichen:

Piktogramme:  ins Heft schreiben   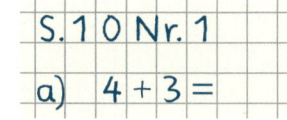   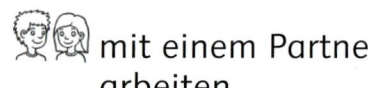 mit einem Partner arbeiten

① Anforderungsbereich „Reproduzieren"

① Anforderungsbereich „Zusammenhänge herstellen"

① Anforderungsbereich „Verallgemeinern und Reflektieren"

2

④ Zeige zuerst die Zahl am Hunderterfeld.
Lege dann die Zahl mit den Zahlenkarten.
Wie heißt die Zahl?

a) 26   b) 35   c) 73   d) 19   e) 91   f) 76   g) 92

⑤ Wie viele Kästchen sind verdeckt?
Ergänze bis 100.

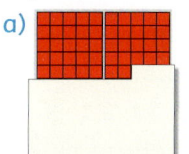 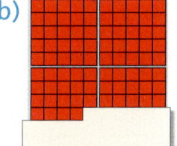 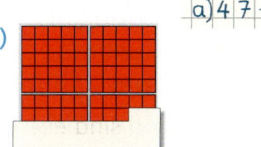

S. 19 Nr. 5
a) 47 + ☐ = 100

Sprechen
Handlungsbegleitend Zahlen lesen und sprechen. Überkreuzen der Arme (s. S.17) unterstützt die Sprechweise und verdeutlicht die Stellung der Zehner und Einer. *Es sind 5 Zehner und 8 Einer. / Ich lege … / Die Zahl heißt …*

Didaktische Information
Zahlen mit dem Abdeckwinkel auf dem Hunderterfeld legen und abgedeckte Zahlen erkennen; Ergänzen bis 100; als zusätzliche Hilfe kann beim Ergänzen auch eine durchsichtige, farbige Folie verwendet werden

▶ AH 12
▶ D 11/12
▶ KV 12–14

19

Sprachförderung

Fachwortschatz

Erklärung/Grundwissen   Partnerkurs   die Zeile
das Hunderterfeld

3

Inhaltsverzeichnis

Wiederholung: Rechnen bis 20

Rechendetektive	6
Gerade und ungerade Zahlen	7
Plusaufgaben	8
Minusaufgaben	9
Entdeckerpäckchen	10
Aufgabenfamilien	12
Ergänzungsaufgaben	13

Die Zahlen bis 100

Die Zahlen bis 100	14
Bündeln in Zehner	15
Zehner und Einer	16
Das Hunderterfeld	18
Die Hundertertafel	20
Zahlen auf dem Zahlenstrahl	22
Das kann ich schon	24
Forscherseite	25

Flächenformen

Formen in der Zeichenuhr	26
Muster legen	28
Das kann ich schon	30
Forscherseite	31

Addieren und Subtrahieren bis 100 ohne Zehnerübergang

Rechnen mit Zehnern (Z+Z und Z−Z)	32
Plusaufgaben mit Einern (ZE+E)	34
Minusaufgaben mit Einern (ZE−E)	35
Rechnen mit Zehnern (ZE+Z und ZE−Z)	36
Plusaufgaben mit gemischten Zehnerzahlen (ZE+ZE und ZE−ZE)	37
Rechnen mit gemischten Zehnerzahlen (ZE+ZE und ZE−ZE)	38
Minusaufgaben mit gemischten Zehnerzahlen (ZE−ZE)	39
Das kann ich schon	40
Forscherseite	41

Daten, Häufigkeit, Wahrscheinlichkeit

Kombinatorik	42
Daten und Häufigkeit	44
Wahrscheinlichkeit	46
Zufall	47
Das kann ich schon	48
Forscherseite	49

Addieren und Subtrahieren bis 100 mit Zehnerübergang

Zum großen Nachbarzehner ergänzen	50
Plusaufgaben mit Zehnerübergang	51
Vom Zehner wegnehmen	53
Minusaufgaben mit Zehnerübergang	54
Plus- und Minusaufgaben mit Zehnerübergang (ZE+E und ZE−E)	55
Rechenwege für Plusaufgaben aufschreiben	56
Plusaufgaben mit Zehnerübergang (ZE+ZE)	57
Rechenwege für Minusaufgaben aufschreiben	58
Minusaufgaben mit Zehnerübergang (ZE−ZE)	59
Plus- und Minusaufgaben mit Zehnerübergang (ZE+ZE und ZE−ZE)	60
Entdeckerpäckchen beschreiben	61
Das kann ich schon	62
Forscherseite	63

Symmetrie

Fünflinge legen	64
Fünflinge spiegeln	65
Spiegeln am Geobrett	66
Muster	68
Das kann ich schon	70
Forscherseite	71

Multiplikation

Malaufgaben in der Klasse	72
Malaufgaben legen und zeichnen	74
Tauschaufgaben	76
Quadratzahlen	77
Einer-Reihe und Zehner-Reihe	78
Fünfer-Reihe	79
Fünfer-Reihe und Zehner-Reihe	80
Zweier-Reihe	81
Einmaleinstafel	82
Merkaufgaben	83
Vierer-Reihe	84
Achter-Reihe	85
Dreier-Reihe	86
Sechser-Reihe	87
Siebener-Reihe	88
Neuner-Reihe	89
Malaufgaben üben	90
Das kann ich schon	92
Forscherseite	93

Umgehen und Rechnen mit Geld

Münzen und Scheine	94
Euro und Cent	95
Preise	96
Einkaufen	98
Das kann ich schon	100
Forscherseite	101

Division

Verteilen	102
Aufteilen	103
Teilen	104
Teilen mit Rest	105
Umkehraufgaben	106
Aufgabenfamilien	107
Zahlenrätsel	108
Das kann ich schon	110
Forscherseite	111

Längen

Meter	112
Meter und Zentimeter	113
Körpergrößen	114
Rechnen mit Längen	116
Messen und zeichnen	117
Das kann ich schon	118
Forscherseite	119

Körper

Geometrische Körper	120
Bauen mit Würfeln	121
Sechslinge	124
Das kann ich schon	126
Forscherseite	127

Sachrechnen

Rechengeschichten (1)	128
Rechengeschichten (2)	130
Skizzen	132
Das kann ich schon	134
Forscherseite	135

Zeit und Kalender

Zeitpunkte	136
Zeitspannen	138
Kalender	139
Das kann ich schon	140
Forscherseite	141

Basiswissen	142

Rechendetektive

① Beschreibe das Bild.

② Finde Rechenaufgaben.

Didaktische Information
Zum Bild Rechengeschichten erzählen und Aufgaben im Bild finden; auch eigene Rechengeschichten erfinden

Sprechen
Ich sehe … / Da sind … / mehr … (als), weniger … (als) / viele, wenige

Gerade und ungerade Zahlen

die gerade Zahl
die ungerade Zahl
die Ergebniszahl
das Ergebnis

① Sortiere die Zahlen.

S. 7 Nr. 1	
gerade Zahlen	0, 2,
ungerade Zahlen	1, 3,

② Finde Aufgaben mit den Zahlen 0 bis 20.

a) gerade Zahl + gerade Zahl

b) ungerade Zahl + ungerade Zahl

c) gerade Zahl + ungerade Zahl

d) ungerade Zahl + gerade Zahl

S. 7 Nr. 2				
a) gerade Zahl	+	gerade Zahl		
2	+	2	=	

③ Male die geraden Ergebniszahlen ▬.
Male die ungeraden Ergebniszahlen ▬.
Was entdeckst du?

Die 13 ist eine ungerade Zahl.

▸ AH 4
▸ D 1/2
▸ KV 1–6

Sprechen
Die 8 ist eine gerade Zahl, weil … / Eine gerade Zahl plus eine gerade Zahl ergibt eine gerade Ergebniszahl usw.

Didaktische Information
Zu **2** und **3** eignet es sich, Lernplakate zu erstellen, die die Entdeckungen verdeutlichen.

Plusaufgaben

① a) 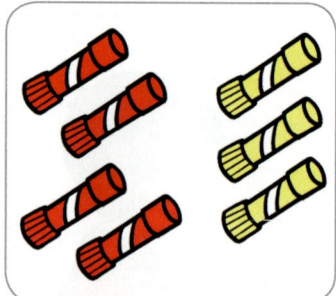 b) c) d) e)

②

a) $4 + 3 = \square$
   $14 + 3 = \square$

b) $2 + 2 = \square$
   $12 + 2 = \square$

c) $5 + 2 = \square$
   $\square + 2 = \square$

d) $4 + 4 = \square$
   $\square + \square = \square$

e) $\square + 1 = \square$
   $18 + 1 = \square$

f) $\square + \square = \square$
   $13 + 7 = \square$

③

a)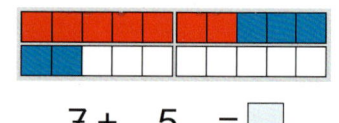
   $7 + 5 = \square$
   $7 + 3 + 2 = \square$

b)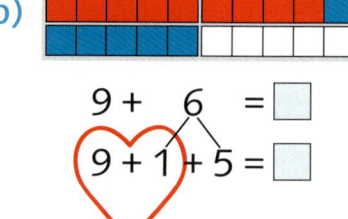
   $9 + 6 = \square$
   $9 + 1 + 5 = \square$

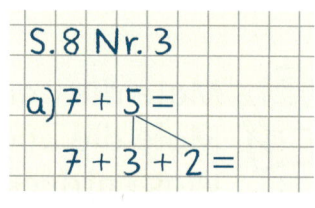

c) $6 + 6 = \square$
   $6 + 4 + 2 = \square$

d) $5 + 8 = \square$
   $5 + \square + \square = \square$

e) $7 + 6 = \square$
   $7 + \square + \square = \square$

f) $3 + 9 = \square$
   $3 + \square + 2 = \square$

g) $4 + 7 = \square$
   $4 + \square + \square = \square$

h) $8 + 3 = \square$
   $\square + \square + \square = \square$

Didaktische Information
1 Weitere Aufgaben in der Klasse finden;
2 Zur Erinnerung Zwanzigerfeld und Legematerial nutzen; 3 Handlungssequenz sprachlich begleiten

💬 Sprechen
*Die kleine Aufgabe hilft mir bei der großen Aufgabe. /
Ich rechne erst bis zum Zehner und dann weiter.
Die Partnerzahlen helfen mir.*

▶ AH 5
▶ D 3/4
▶ KV 1–6

Minusaufgaben

① a)  b)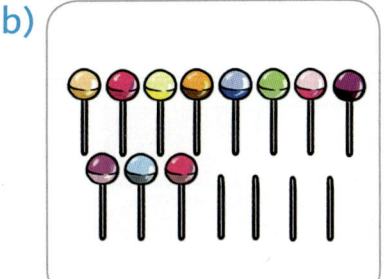

S.9 Nr.1
a) $10-2=$

c)  d)  e)

② a) 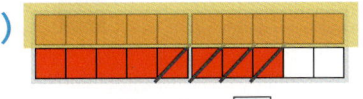 b)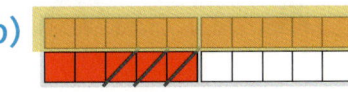

$8-4=\square$
$18-4=\square$

$5-3=\square$
$15-3=\square$

S.9 Nr.2
a) $8-4=$
$18-4=$

c) $7-2=\square$
$\square-2=\square$

d) $9-5=\square$
$\square-\square=\square$

e) $\square-1=\square$
$16-1=\square$

f) $\square-\square=\square$
$13-2=\square$

g) $8-3=\square$
$\square-\square=\square$

h) $\square-\square=\square$
$19-5=\square$

i) $4-1=\square$
$14-\square=\square$

k) $\square-\square=\square$
$19-7=\square$

③ a) 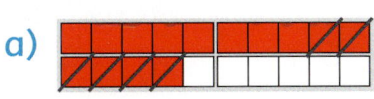 b)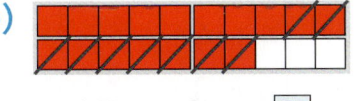

$14-6=\square$
$14-4-2=\square$

$17-9=\square$
$17-7-2=\square$

S.9 Nr.3
a) $14-6=$
$14-4-2=$

c) $13-5=\square$
$13-3-2=\square$

d) $15-7=\square$
$15-\square-\square=\square$

e) $12-7=\square$
$\square-\square-\square=\square$

f) $18-9=\square$
$\square-\square-\square=\square$

g) $12-8=\square$
$\square-\square-\square=\square$

h) $17-8=\square$
$\square-\square-\square=\square$

▶ AH 5
▶ D 3/4
▶ KV 1–6

Sprechen
*Die kleine Aufgabe hilft mir bei der großen Aufgabe. /
Zum Zehner zurück und dann weiter.*

Didaktische Information
1 Weitere Aufgaben in der Klasse finden;
2 Zur Erinnerung Material nutzen;
3 Handlungssequenz sprachlich begleiten

Entdeckerpäckchen

die 1. Zahl
die 2. Zahl
das Ergebnis
wird größer
wird kleiner
bleibt gleich
das Entdecker-päckchen

① Rechne die Entdeckerpäckchen.

a) 4 + 3
4 + 4
4 + 5
4 + 6
☐ + ☐

b) 9 + 10
9 + 9
9 + 8
9 + 7
☐ + ☐

c) 1 + 8
2 + 8
3 + 8
4 + 8
☐ + ☐

S. 10 Nr. 1
a) 4 + 3 =

d) Beschreibe ein Entdeckerpäckchen.

② a) 7 + 2
7 + 3
7 + 4
☐ + ☐
☐ + ☐

b) 15 + 5
14 + 4
13 + 3
☐ + ☐
☐ + ☐

c) 8 + 6
7 + 6
☐ + ☐
☐ + ☐
☐ + ☐

S. 10 Nr. 2
a) 7 + 2 =

d) Beschreibe ein Entdeckerpäckchen.

③ a) Finde alle Verdoppelungsaufgaben.
b) Finde die Partnerzahlen.

S. 10 Nr. 3
a) Verdoppelungsaufgaben:

10 **Didaktische Information**
Die Entdeckung der Struktur ist hilfreich zur schnellen Lösung der Aufgaben;
D Zahlen farbig markieren.

Sprechen
Die 1./2. Zahl / Das Ergebnis bleibt immer gleich.
Die 1./2. Zahl / Das Ergebnis wird immer um … größer/kleiner.

▶ D 3/4
▶ KV 1–6

④
a) 10 − 5
11 − 5
12 − 5
13 − 5
☐ − ☐

b) 20 − 11
20 − 12
20 − 13
20 − 14
☐ − ☐

c) 14 − 7
14 − 6
14 − 5
14 − 4
☐ − ☐

S.11 Nr.4
a) 1 0 − 5 =

d) Beschreibe ein Entdeckerpäckchen.

⑤
a) 15 − 0
16 − 0
17 − 0
☐ − ☐

b) 18 − 9
18 − 10
18 − 11
☐ − ☐

c) 13 − 3
12 − 4
☐ − ☐
☐ − ☐

S.11 Nr.5
a) 1 5 − 0 =

d) Beschreibe ein Entdeckerpäckchen.

⑥ Finde eigene Entdeckerpäckchen.
a) 20 − 18   b) 8 + 3   c) 7 − 6   d) 15 + 4

⑦ Welches Entdeckerpäckchen passt zur Beschreibung?
Schreibe und rechne das
passende Entdeckerpäckchen.
Die 1. Zahl wird immer
um 2 größer.
Die 2. Zahl wird immer
um 2 kleiner.
Das Ergebnis bleibt gleich.

a) 14 + 6
12 + 8
10 + 10
8 + 12
6 + 14

b) 7 + 11
9 + 9
11 + 7
13 + 5
15 + 3

⑧ Schreibe und rechne das Entdeckerpäckchen.
Die erste Zahl wird immer um 2 kleiner.
Die zweite Zahl bleibt gleich.
Das Ergebnis wird immer um 2 kleiner.

S.11 Nr.8
1 3 + 6 =

⑨ Schreibe und rechne ein passendes Entdeckerpäckchen.
Die erste Zahl bleibt gleich.
Die zweite Zahl wird immer um 3 größer.
Das Ergebnis wird immer um 3 kleiner.

▶ D 3/4
▶ KV 1–6

Sprechen
Die 1./2. Zahl/Das Ergebnis bleibt immer gleich.
Die 1./2. Zahl/Das Ergebnis wird immer um … größer/kleiner.

Didaktische Information
D 6 und 9 eignen sich zur Differenzierung, da diese Päckchen in größere Zahlenräume übergehen können; Eigene Entdeckerpäckchen erfinden und in ein Lerntagebuch schreiben

Aufgabenfamilien

① Rechne die Tauschaufgaben.

die 1. Zahl — das Ergebnis — bleibt immer gleich — die 2. Zahl — tauschen den Platz

a) 6 + 2
   2 + 6

b) 9 + 1
   1 + ☐

c) 4 + 7
   ☐ + ☐

S. 12 Nr. 1
a) 6 + 2 =
   2 + 6 =

② Rechne die Umkehraufgaben.

die 2. Zahl — bleibt immer gleich — minus — plus — die 1. Zahl — tauschen den Platz — das Ergebnis

a) 6 + 7 = 13
   13 − 7 = ☐

b) 8 + 4 = ☐
   ☐ − 4 = ☐

c) 9 + 9 = ☐
   ☐ − ☐ = ☐

S. 12 Nr. 2
a) 6 + 7 = 1 3
   1 3 − 7 =

③ Finde alle Aufgaben.

die Tauschaufgabe
die Umkehraufgabe
die Aufgabenfamile

a) 4 / 2 6
☐ + ☐ = ☐
☐ + ☐ = ☐
☐ − ☐ = ☐
☐ − ☐ = ☐

b) 15 / 7 8
☐ + ☐ = ☐
☐ + ☐ = ☐
☐ − ☐ = ☐
☐ − ☐ = ☐

S. 12 Nr. 3
a) 6 / 4 2
4 + 2 =
2 + 4 =

c) 14 / 3 11

d) 12 / 7 19

e) 6 / 13 7

f) 8 / 9 17

g) 12 / 20 8

h) ☐ / 7 4

Ergänzungsaufgaben

1 Rechne die Ergänzungsaufgaben.

a) 3 + ☐ = 7
3 + ☐ = 8
3 + ☐ = 9
3 + ☐ = 10

b) 6 + ☐ = 15
7 + ☐ = 15
8 + ☐ = 15
9 + ☐ = 15

S.13 Nr.1
a) 3 + 4 = 7

ergänzen die Ergänzungsaufgabe

c) 11 + ☐ = 19
11 + ☐ = 18
11 + ☐ = 17
11 + ☐ = 16

d) 14 + ☐ = 20
13 + ☐ = 20
12 + ☐ = 20
11 + ☐ = 20

e) 18 + ☐ = 19
16 + ☐ = 19
14 + ☐ = 19
12 + ☐ = 19

2 a) 12 = 8 + ☐
13 = 8 + ☐
14 = 8 + ☐
15 = 8 + ☐

b) 13 = 6 + ☐
13 = 5 + ☐
13 = 4 + ☐
13 = 3 + ☐

S.13 Nr.2
a) 12 = 8 + 4

3 a) 15 − ☐ = 10
14 − ☐ = 10
13 − ☐ = 10
12 − ☐ = 10

b) 20 − ☐ = 11
20 − ☐ = 12
20 − ☐ = 13
20 − ☐ = 14

S.13 Nr.3
a) 15 − 5 = 10

4 a) 10 = 20 − ☐
10 = 18 − ☐
10 = 16 − ☐
10 = 14 − ☐

b) 0 = 10 − ☐
0 = 12 − ☐
0 = 14 − ☐
0 = 16 − ☐

S.13 Nr.4
a) 10 = 20 − 10

5 a) 16 − ☐ = 10
☐ − 8 = 9
15 = 7 + ☐
6 + ☐ = 13

b) 20 − ☐ = 11
☐ − 6 = 12
13 = ☐ + 7
19 − ☐ = 13

c) 6 + ☐ = 15
12 = ☐ + 8
☐ + 9 = 14
17 − ☐ = 8

▶ AH 6/7
▶ D 3–6
▶ KV 1–6

Sprechen
Ich habe 3. Das Ergebnis ist 7. Ich ergänze 4.
Das Ergebnis ist 12. Ich habe 8. Ich ergänze 4.

Didaktische Information
Die Partnerzahlen helfen bei der Ergänzung zur 20

Die Zahlen bis 100

zehn
zwanzig
dreißig
vierzig
fünfzig
sechzig
siebzig
achtzig
neunzig
hundert

10 zehn
20 zwanzig
30 dreißig
40 vierzig
50 fünfzig
60 sechzig
70 siebzig
80 achtzig
90 neunzig
100 hundert

 a) 20   b) 80   c) 40
   d) 90   e) 10   f) 60

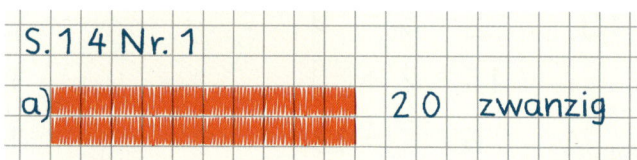

Didaktische Information
Zahldarstellung, Anzahl schätzen und bündeln;
Zehnerzahlen lesen, darstellen und schreiben

Sprechen
Unterschiede verdeutlichen: *vierzehn*, *vierzig*;
D Sprache untersuchen ß/z: *dreißig*, *zwanzig*

►AH 8
►D 7/8
►KV 7/8

Bündeln in Zehner

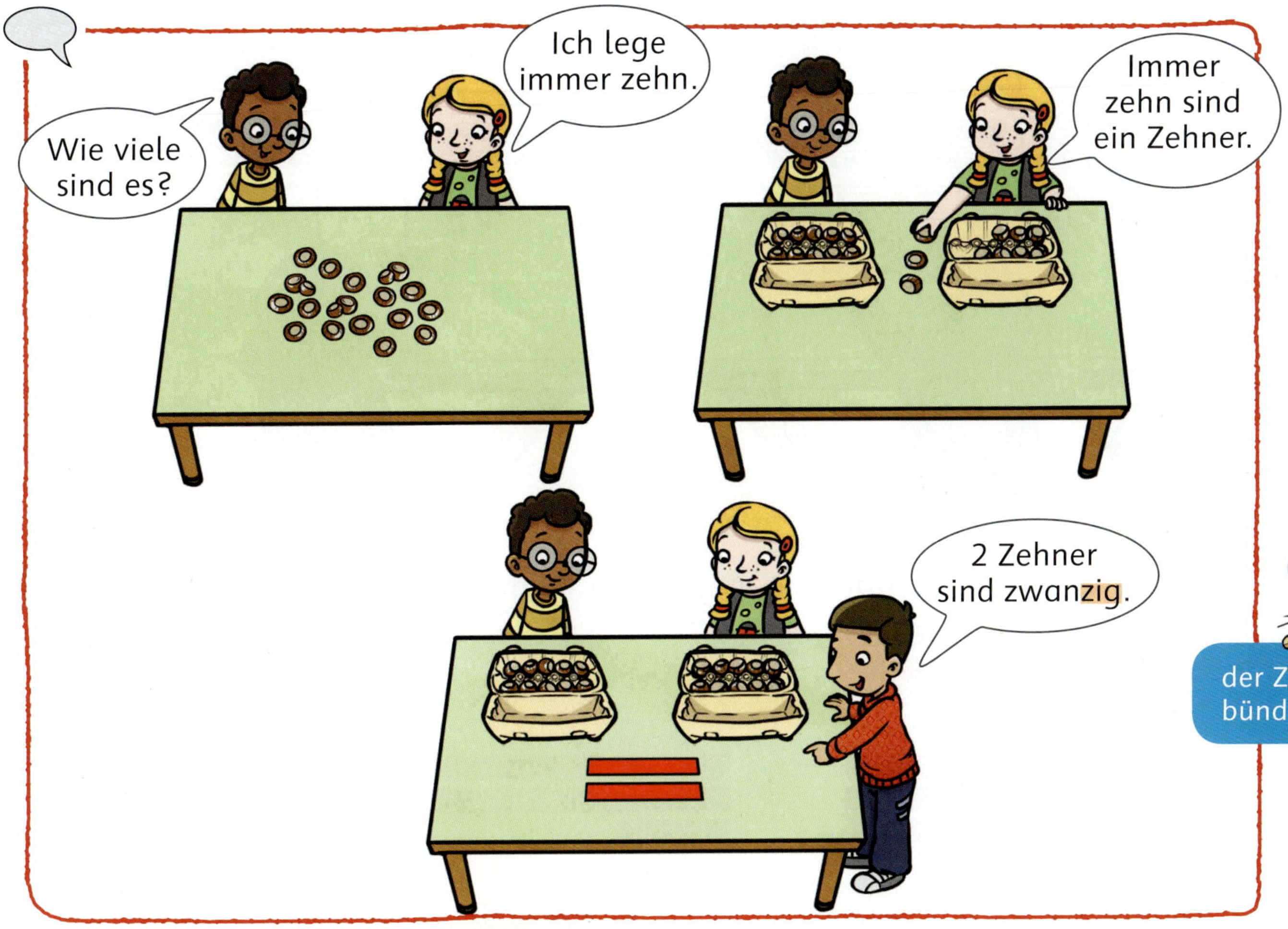

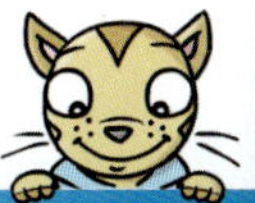

① a) b) c)

▶ AH 9
▶ D 7/8
▶ KV 9

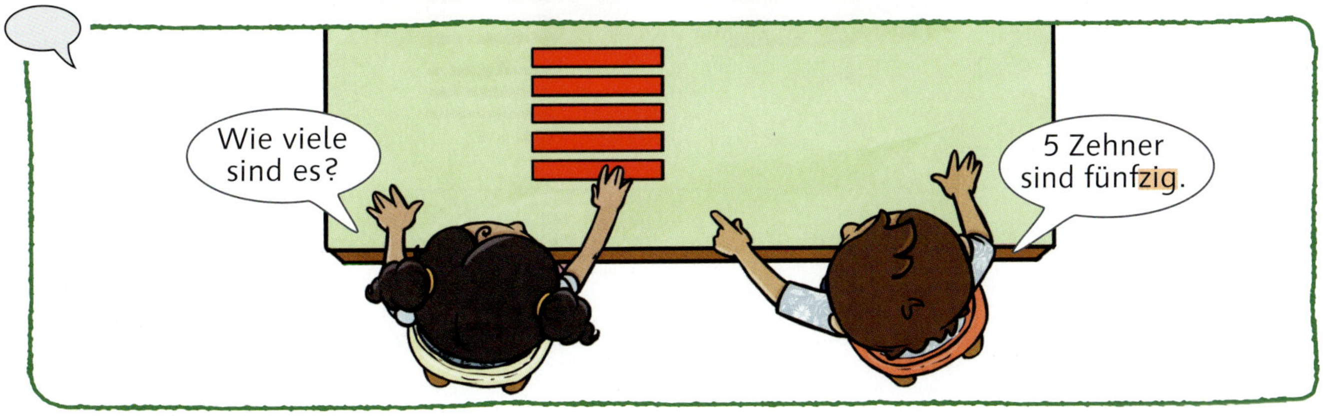

Sprechen
Wie viele sind es? ist unpersönlich und sollte gemeinsam besprochen werden; Bündelungen handelnd und sprachlich unterstützen: *Ich lege immer zehn*; Einführung des Begriffs *Zehner*: *Immer Zehn sind ein Zehner*.

Didaktische Information
Einführung in das Prinzip der Bündelung; Zahlvorstellung gewinnen; Gegenstände in der Umwelt suchen, die „zu Zehnt" verpackt sind. Fotos machen und ein Plakat gestalten

15

Zehner und Einer

der Zehner
der Einer

① Wie viele Zehner und wie viele Einer sind es?

a)
b)
c)
d)
e)
f)
g)

② Wie viele Zehner und Einer sind im Zahlenbild?

a)
b)
c)

③ a) 3Z+1E b) 5Z+4E c) 2Z+8E d) 6Z+7E
   e) 9Z+3E f) 5Z+0E g) 1Z+5E h) 4Z+2E

Didaktische Information
Einführung in die Struktur des Zehnersystems und der Stellenwertschreibweise; Zahlen vorstellen; Zahlstrukturen nutzen

Sprechen
Wiederholung der Fragestellung:
Wie viele Zehner und wie viele Einer sind es?
Es sind 3 Zehner und 4 Einer.

▶ AH 10
▶ D 9/10

④ Wie heißt die Zahl?

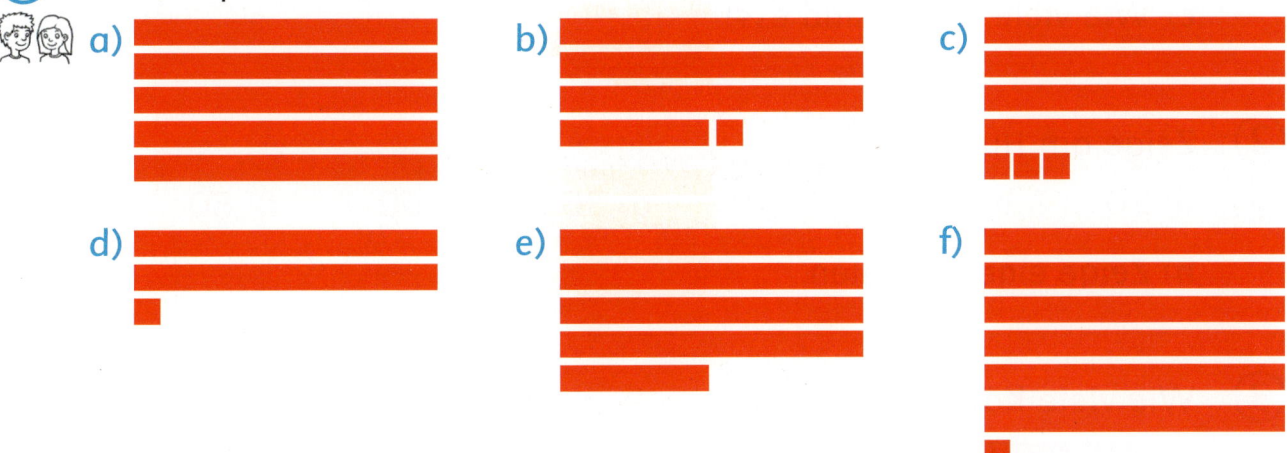

⑤ Wie zählst du?

Lisa

Umut

Timo

Emira

Matteo

Natalia

Das Hunderterfeld

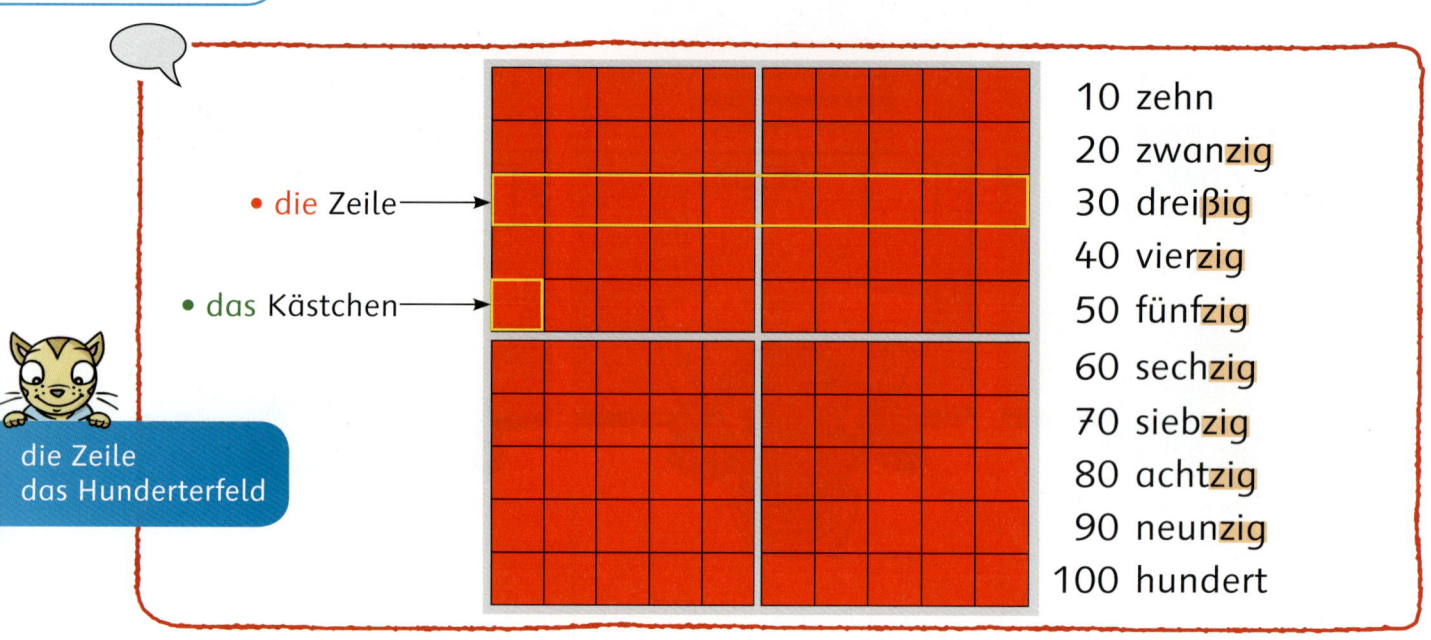

- die Zeile
- das Kästchen

10 zehn
20 zwanzig
30 dreißig
40 vierzig
50 fünfzig
60 sechzig
70 siebzig
80 achtzig
90 neunzig
100 hundert

die Zeile
das Hunderterfeld

① a) Wie viele Kästchen sind auf dem Hunderterfeld?
 b) Wie viele Kästchen sind in einer Zeile?
c) Wie viele Zeilen sind es?

② Zeige am Hunderterfeld.
 a) 20 b) 40 c) 10 d) 30 e) 60 f) 80 g) 70
h) Zeige eigene Zahlen.

③ Wie viele Kästchen sind es?

a) 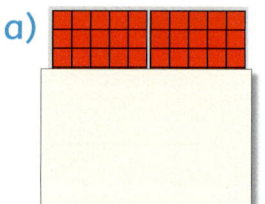   b) 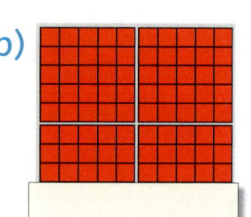   c)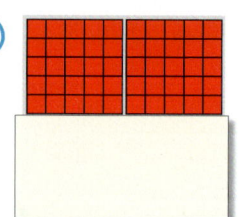

```
S.18 Nr.3
a) 3 0
```

④ Wie viele Kästchen sind verdeckt?
Ergänze bis 100.

a) 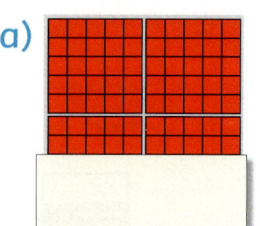   b) 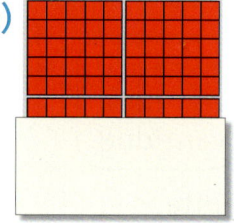   c)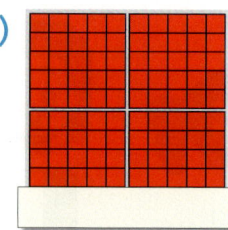

```
S.18 Nr.4
a) 7 0 +   = 1 0 0
```

18 **Didaktische Information**
Entdeckungen der Struktur auf dem Hunderterfeld;
Ergänzen bis 100; als zusätzliche Hilfe kann beim
Ergänzen auch eine durchsichtige, farbige Folie
verwendet werden

Sprechen
Es sind 10 Kästchen in einer Reihe/Zeile.
Mit dem Begriff *Reihe* an die Alltagssprache der Kinder
anknüpfen, bevor ausschließlich der Begriff *Zeile* verwendet wird.

▶ AH 11
▶ KV 11

⑤ Zeige zuerst die Zahl am Hunderterfeld.
Lege dann die Zahl mit den Zahlenkarten.
Wie heißt die Zahl?

a) 26 b) 35 c) 73 d) 19 e) 91 f) 76 g) 92

⑥ Wie viele Kästchen sind verdeckt?
Ergänze bis 100.

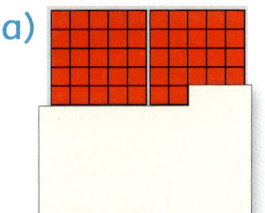
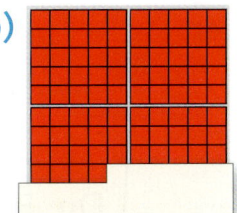
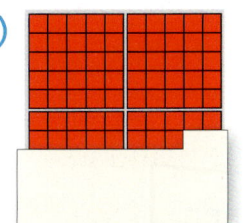
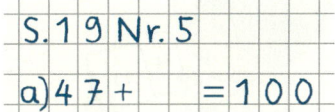

Die Hundertertafel

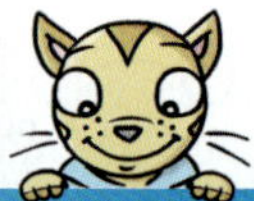

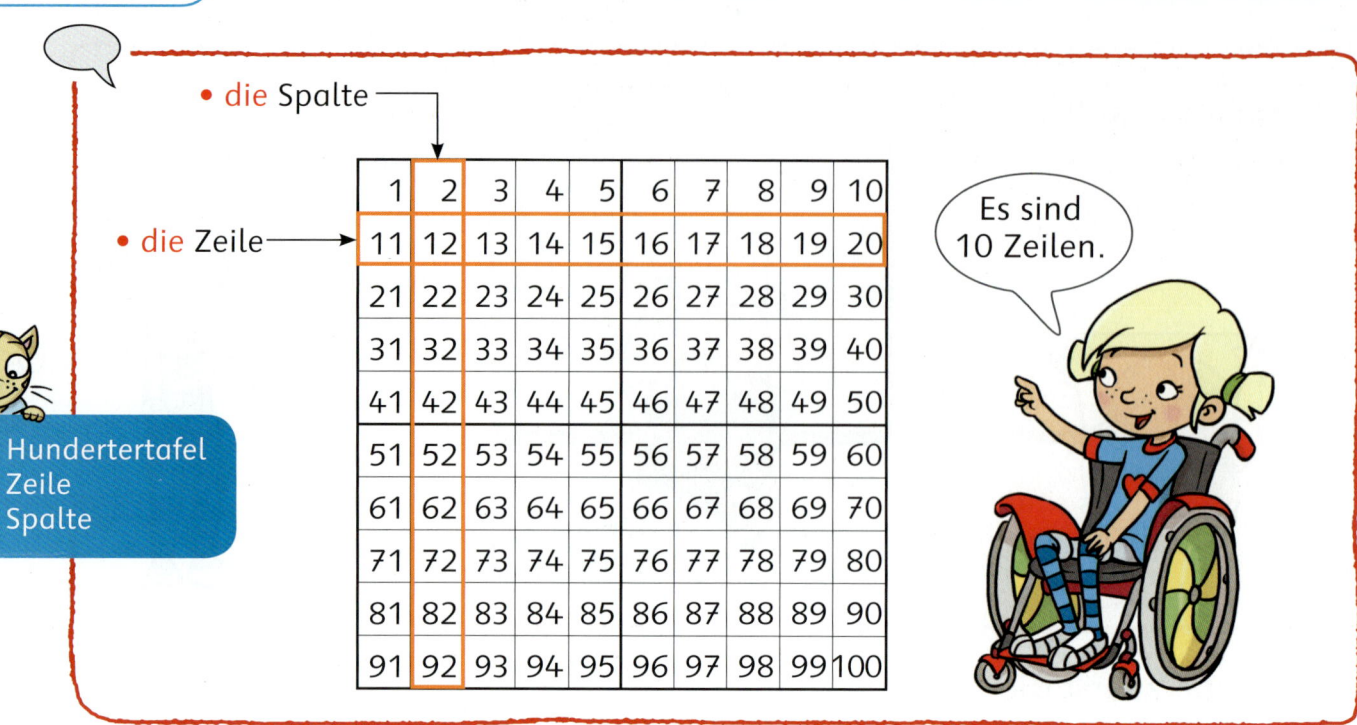

- die Spalte
- die Zeile

Es sind 10 Zeilen.

die Hundertertafel
die Zeile
die Spalte

46 ist **rechts von** 45.

über
links von　45　rechts von
unter

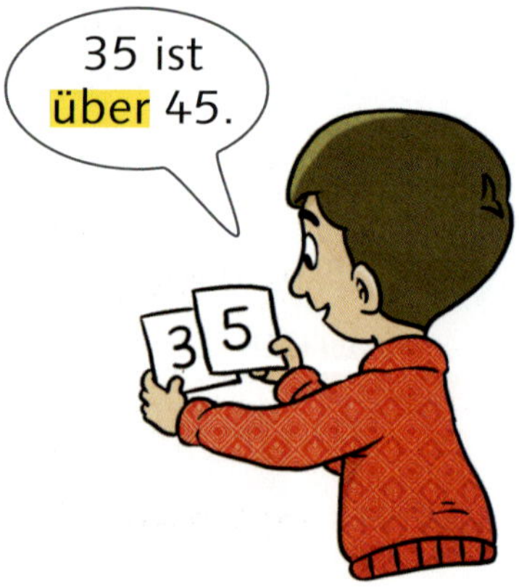

35 ist **über** 45.

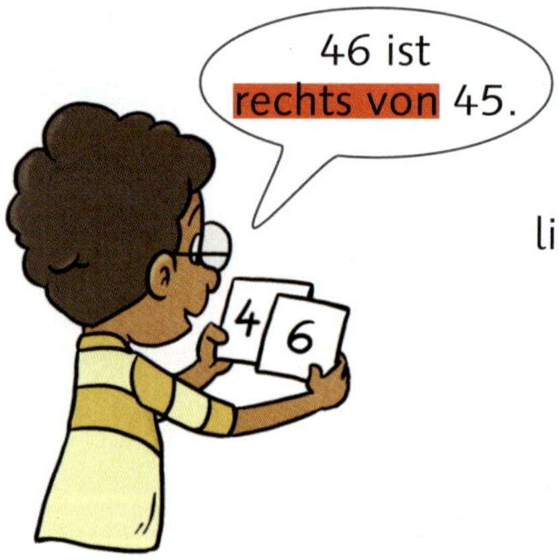

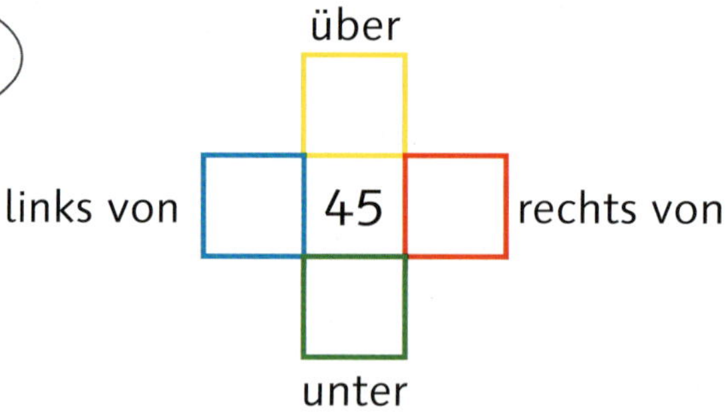

Es sind ___ Zeilen.

Es sind ___ Spalten.

In einer Zeile sind ___ Zahlen.

In einer Spalte sind ___ Zahlen.

In der Hundertertafel sind ___ Zahlen.

Die Einer　Die Zehner

in einer Zeile

in einer Spalte

bleiben gleich.

werden um ___ größer.

stehen untereinander.

stehen nebeneinander.

① Wo ist die Zahl?
Zeige und beschreibe.

a) 22   b) 32

c) 46   d) 55

e) 63   f) 81

Die 22 ist in der 3. Zeile und in der 2. Spalte.

② a) Suche die Zahlen 51, 52, 53, 54.

 b) Schreibe die richtigen Sätze zu den Zahlen.

Die Zahlen stehen in einer Zeile.

Die Zahlen werden immer um 10 größer.

Die Zahlen werden immer um 1 größer.

Die Zahlen haben alle 4 Zehner.

③ a) Suche die Zahlen 63, 73, 83, 93.

 b) Schreibe die richtigen Sätze zu den Zahlen.

Die Zahlen stehen in einer Spalte.

Die Zahlen werden immer um 10 größer.

Die Zahlen haben alle 3 Einer.

Die Zahlen haben alle 3 Zehner.

Welche Zahlen sind es?

43
59
65

Zahlen auf dem Zahlenstrahl

der Zahlenstrahl
der Vorgänger
der Nachfolger

26 ist der Vorgänger von 27.
28 ist der Nachfolger von 27.

① Welche Zahlen sind es?

S. 22 Nr. 1
A = 7 B =

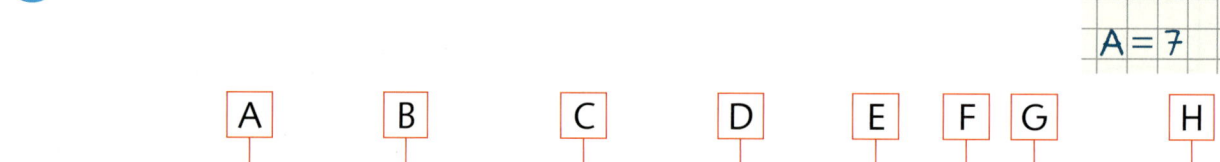
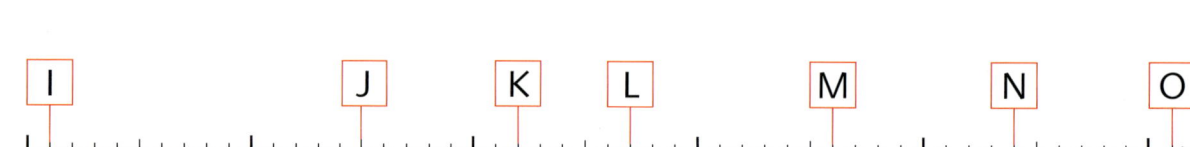

② Zeige die Zahl am Zahlenstrahl.
Wie heißt der Vorgänger?
Wie heißt der Nachfolger?

a) 45 b) 16 c) 82 d) 98 e) 66 f) 35 g) 71 h) 53

③ a) 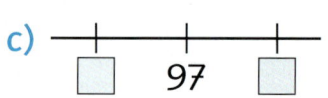 23
b) ☐ 88 ☐
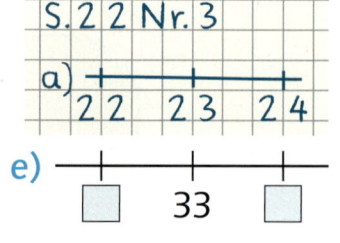
S. 22 Nr. 3
a) 22 23 24

c) 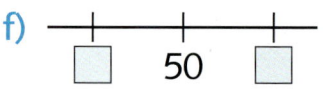 97
d) ☐ 55 ☐
e) ☐ 33 ☐

f) ☐ 50 ☐
g) 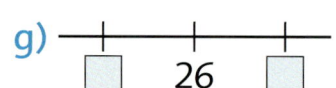 26
h) 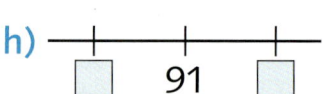 91

22 **Didaktische Information**
Zahlen auf dem Zahlenstrahl bestimmen; Vorgänger und Nachfolger im Zahlenraum bis 100 bestimmen;
D Kindern noch einmal Zahlenkarten zur Verfügung stellen

Sprechen
26 ist der Vorgänger von 27.
28 ist der Nachfolger von 27.
2 in Partnerarbeit als sprachliche Übung

► AH 15/16
► D 15/16
► KV 17

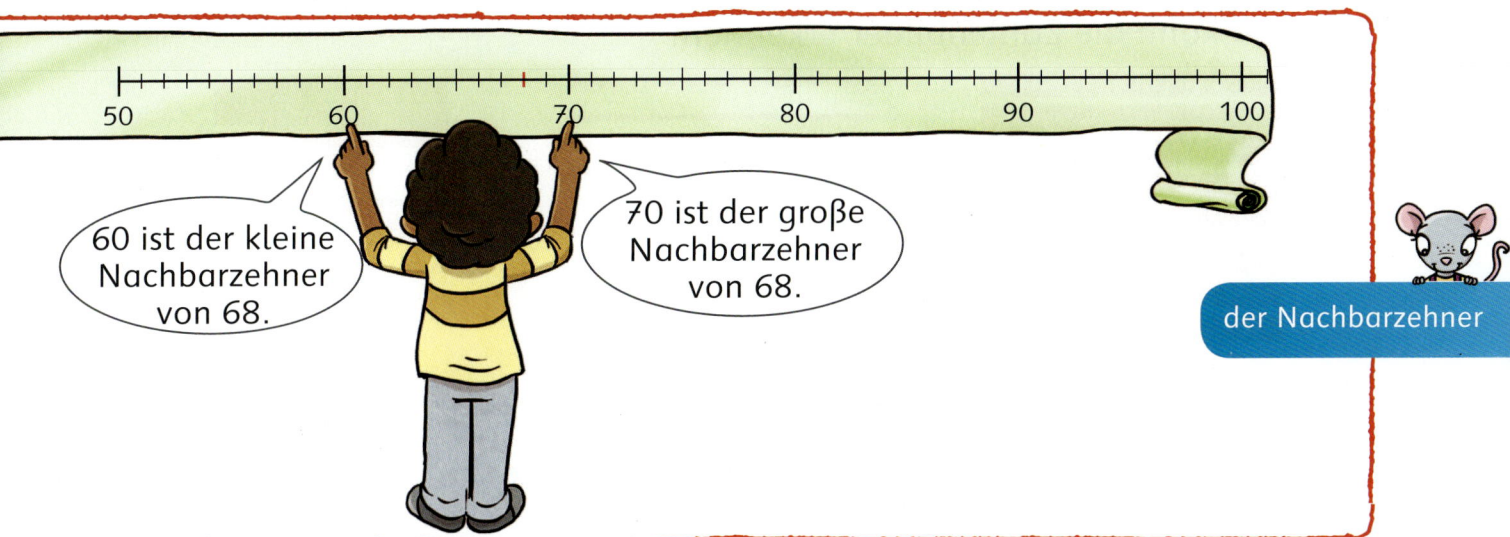

60 ist der kleine Nachbarzehner von 68.

70 ist der große Nachbarzehner von 68.

der Nachbarzehner

④ Zeige die Zahl am Zahlenstrahl.
Wie heißt der kleine Nachbarzehner?
Wie heißt der große Nachbarzehner?

a) 47   b) 56   c) 11   d) 72   e) 29   f) 38   g) 61   h) 88

⑤ Springe vor zum großen Nachbarzehner.

  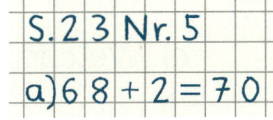

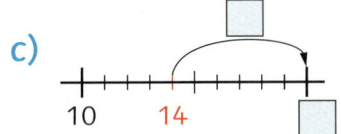 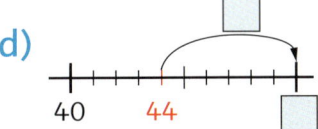 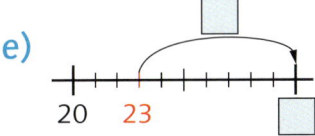

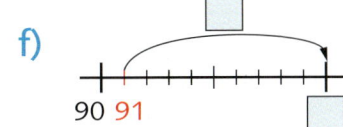 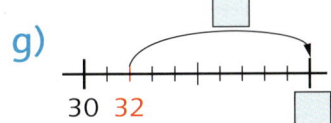 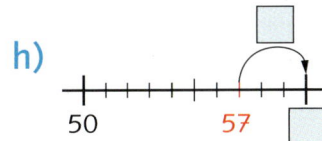

⑥ Springe zurück zum kleinen Nachbarzehner.

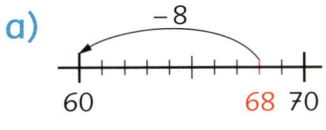 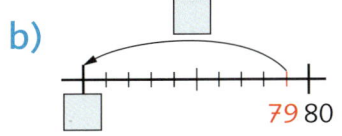 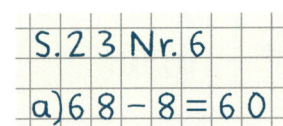

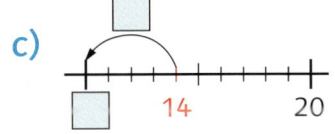 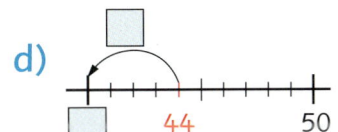 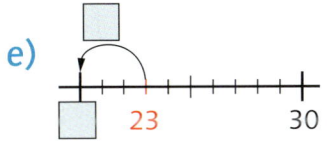

▶ AH 16/17
▶ D 17/18
▶ KV 18

Sprechen
60 ist der kleine Nachbarzehner von 68.
70 ist der große Nachbarzehner von 68.

Didaktische Information
Kleinen und großen Nachbarzehner bestimmen; viele Übungen am Zahlenstrahl in Partner- und Gruppenarbeit anbieten; Sprünge zu den Nachbarzehnern vor und zurück auch in der Klasse am Zahlenstrahl üben

Das kann ich schon

① Ich kann die Zahlenbilder erkennen.

S. 17 bis S. 19

  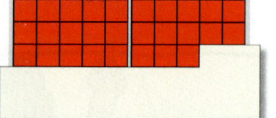

② Ich kann Zahlen als Zehner und Einer schreiben.

S. 16

a) 56   b) 77   c) 14   d) 89   e) 41   f) 90

③ Ich kann die Zahlen auf der Hundertertafel finden.

S. 20

a) Welche Zahl steht über 67?
b) Welche Zahl steht rechts von 45?
c) Welche Zahl steht unter 83?
d) Welche Zahl steht links von 32?

④ Ich kann Zahlen auf dem Zahlenstrahl finden.

S. 22

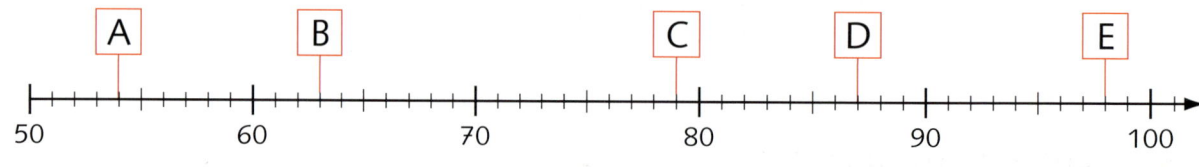

⑤ Ich kann den Vorgänger und den Nachfolger zu einer Zahl aufschreiben.

S. 22

a) 58   b) 64   c) 88   d) 99   e) 43   f) 76

⑥ Ich kann den kleinen Nachbarzehner und den großen Nachbarzehner finden.

S. 23

a) 63   b) 85   c) 52

Forscherseite

"Ich kann mit 2 Kastanien die Zahlen 2, 11 und 20 legen."

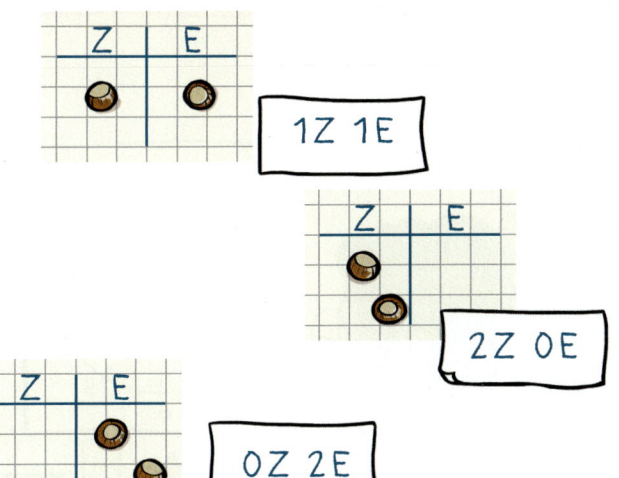

1) a) Nimm 3 Kastanien.
   Welche Zahlen kannst du legen?

   b) Nimm 4 Kastanien.
   Welche Zahlen kannst du legen?

   c) Nimm 5 Kastanien.
   Welche Zahlen kannst du legen?

   d) Nimm 6 Kastanien.
   Welche Zahlen kannst du legen?
   Ordne die Zahlen.

   e) Nimm 9 Kastanien.
   Welche Zahlen kannst du legen?
   Ordne die Zahlen.

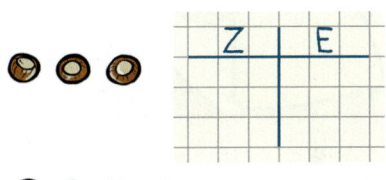

2) Lege mit 10 Kastanien.
   Was entdeckst du?

3) Lege mit Kastanien die Zahl 56.
   Nimm 3 Kastanien weg.
   Welche Zahlen kannst du legen?

4) Lege mit Kastanien die Zahl 27.
   Verschiebe eine Kastanie.
   Welche Zahlen kannst du finden?

Didaktische Information
Anregungen zum Ausprobieren, Knobeln, Forschen und Entdecken mit Anforderungen, die über die der vorherigen Seiten hinausgehen; D Eigene Aufgaben erfinden und ein Lerntagebuch schreiben

Formen in der Zeichenuhr

die Zeichenuhr
die Ecke
die Seite
das Quadrat
das Dreieck
das Rechteck
die Form

„Das Dreieck hat 3 Ecken 0, 4, 8."

„Ich verbinde 0, 4, 8, 0."

① Welche Form zeigt die Zeichenuhr?

S. 26 Nr. 1
a) Dreieck: 3, 7,

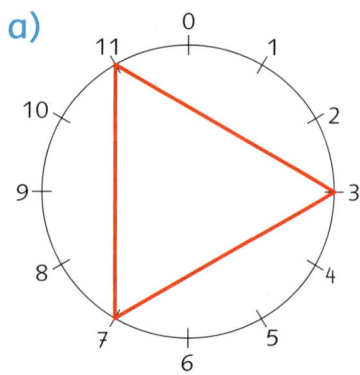
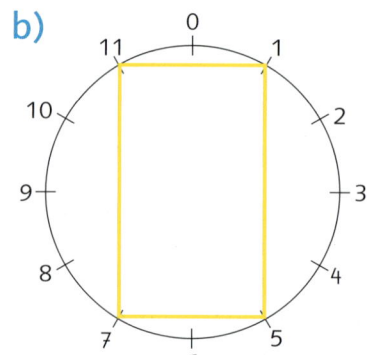
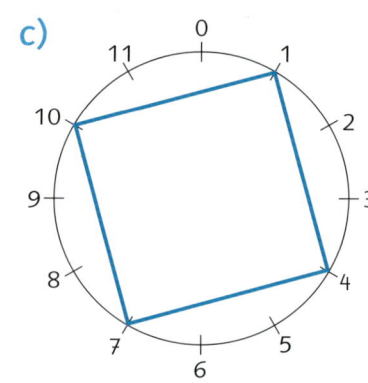

② Wie viele Dreiecke entdeckst du?

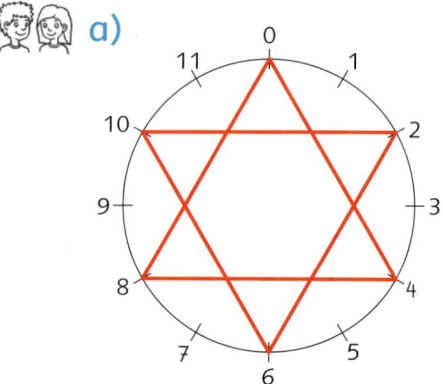
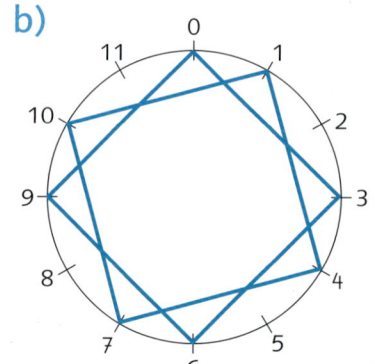
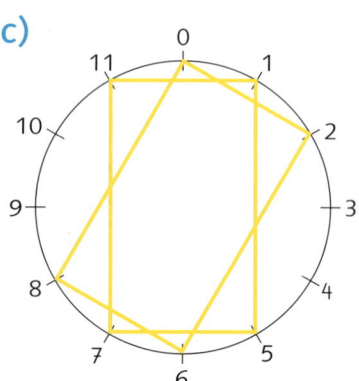

Zeige die Dreiecke einem Partner.

Didaktische Information
Geometrische Formen erkennen, benennen und darstellen; Lernstandserhebung oder freies Zeichnen (leeres Blatt), dann KV Zeichenuhr;
D Viereck-Quadrat-Rechteck

Sprechen
Das Dreieck hat 3 Ecken 0, 4, 8. Ich verbinde 0, 4, 8, 0. Ich sehe ein Dreieck, ein Viereck (ein Quadrat, ein Rechteck).

▶ AH 18
▶ D 19/20
▶ KV 19

③ Welche Formen entdeckst du?

a)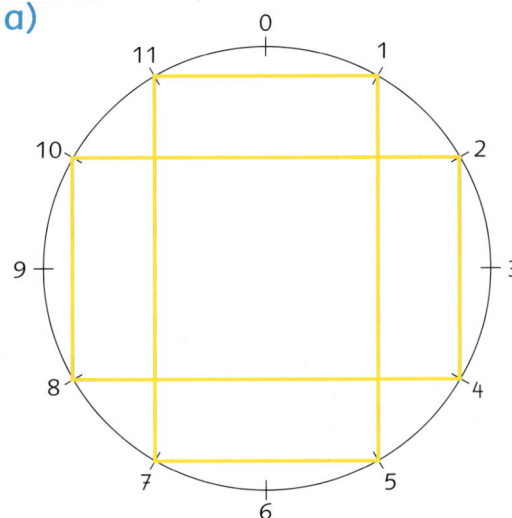

b)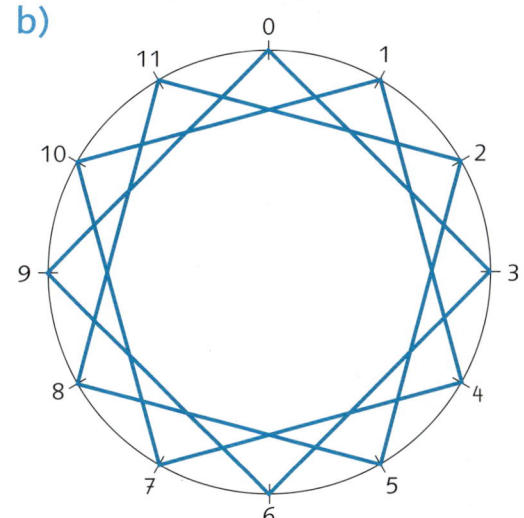

④ Welche Form ist das?

a) 0, 6, 9   b) 1, 3, 7, 9   c) 0, 3, 6, 9

⑤ Schreibe die richtigen Sätze auf.

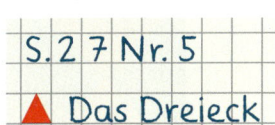

▲ Das Dreieck hat 3 Ecken.

▲ Das Dreieck hat 4 Ecken.

▲ Das Dreieck hat 3 Seiten.

■ Das Quadrat hat 4 Ecken.

■ Das Quadrat hat 4 Seiten.

■ Alle Seiten sind gleich lang.

■ Alle Seiten sind nicht gleich lang.

▬ Das Rechteck hat 4 Seiten.

▬ Alle Seiten sind gleich lang.

▬ Immer 2 Seiten sind gleich lang.

► AH 19
► D 21/22
► KV 19–22

💬 Sprechen
gleich lang thematisieren

Didaktische Information
Eigenschaften der geometrischen Formen benennen können; Material bereitstellen; Eigenproduktion, Plakat oder Geo-Heft (Lerntagebuch) erstellen

27

Muster legen

① a) Lege die Muster nach.

b) Lege eigene Muster.

c) Vergleiche deine Muster mit einem Partner.

② a) Nimm rote und blaue Dreiecke.
Lege immer mit 4 Dreiecken ein Quadrat.

b) Zeichne verschiedene Quadrate.

c) Vergleiche die Quadrate mit einem Partner.

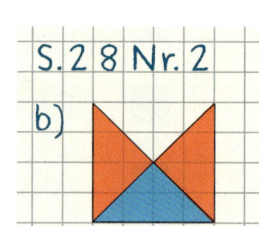

③ Wie geht das Muster weiter?
Lege mit Dreiecken.

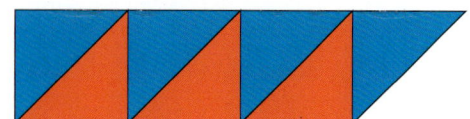

Didaktische Information
Geometrische Muster nachlegen; Legeregel erkennen und fortsetzen können; quadratisches Papier rot/blau, mind. 8 Dreiecke in einer Farbe; D Eigene Muster erfinden und in ein Lerntagebuch eintragen

Sprechen
In der Mitte, oben, unten, rechts, links
Zuerst lege ich …, dann lege ich …
2 Ich habe verschiedene Quadrate

▶ AH 20
▶ D 23/24

④ a) Nimm 4 quadratische Blätter.
Falte und schneide Dreiecke.

b) Lege Quadrate:
mit 2 Dreiecken,
mit 4 Dreiecken,
mit 8 Dreiecken.

c) Lege ein noch größeres Quadrat.
Wie viele Dreiecke brauchst du?

d) Was entdeckst du?

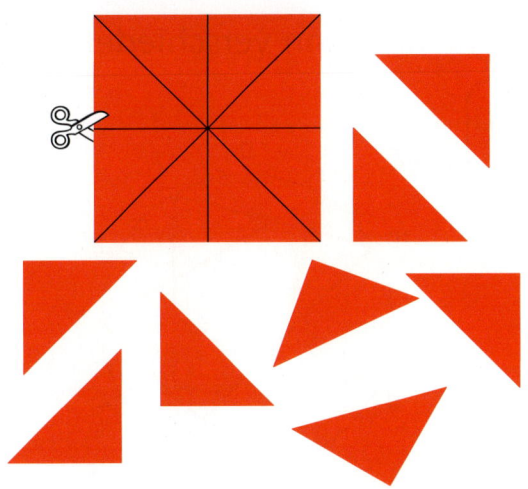

⑤ a) Falte ein quadratisches Blatt.

1. 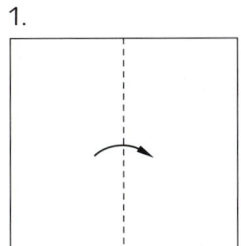   2. 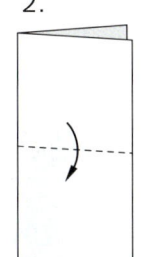   3.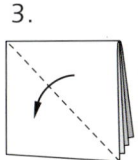

4. 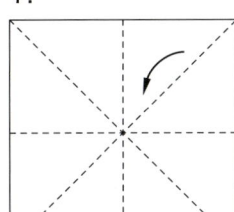   5. 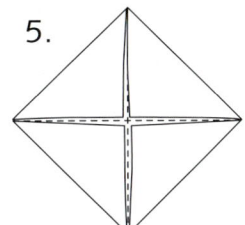   6.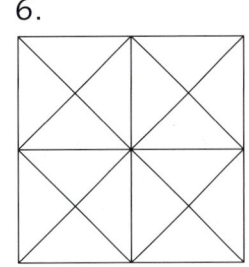

b) Nimm 2 Farben und male Muster.

c) Male ein Muster mit 4 Farben.

Das kann ich schon

① Ich kann verschiedene Formen erkennen.

S. 26/27

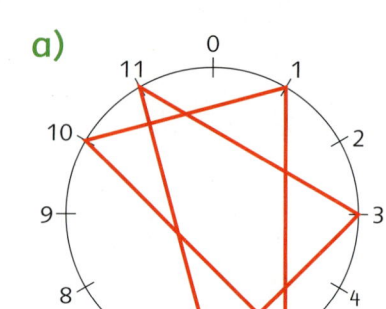
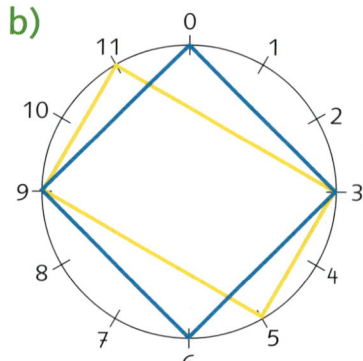
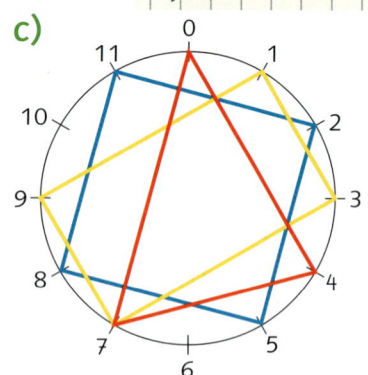

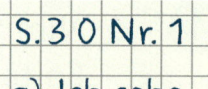
S.30 Nr.1
a) Ich sehe

Ich sehe ☐ ▲. Ich sehe ☐ ▲. Ich sehe ☐ ▲.
Ich sehe ☐ ■. Ich sehe ☐ ■. Ich sehe ☐ ■.
Ich sehe ☐ ▬. Ich sehe ☐ ▬. Ich sehe ☐ ▬.

② Ich kann Formen in der Zeichenuhr zeigen.

S. 27

a) 1, 5, 9,   das Dreieck
b) 0, 2, 6, 8   das Rechteck
c) 1, 4, 7, 10

    das Quadrat

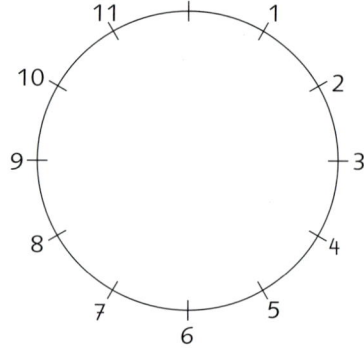

③ Ich kann Formen beschreiben.

S. 27

a) das Rechteck
b) das Dreieck
c) das Quadrat

das Dreieck
das Rechteck
die Seite
die Ecke
gleich lang
das Quadrat

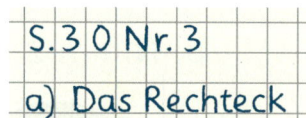
S.30 Nr.3
a) Das Rechteck

④ Ich kann Muster legen.

S. 28/29

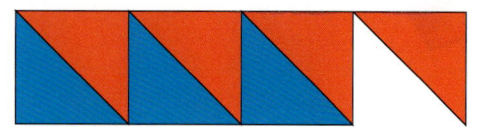

Forscherseite

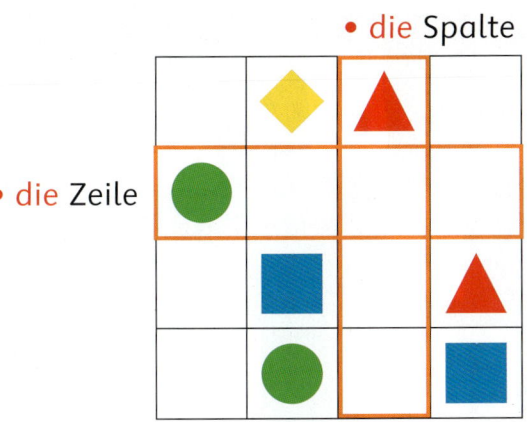

① a) 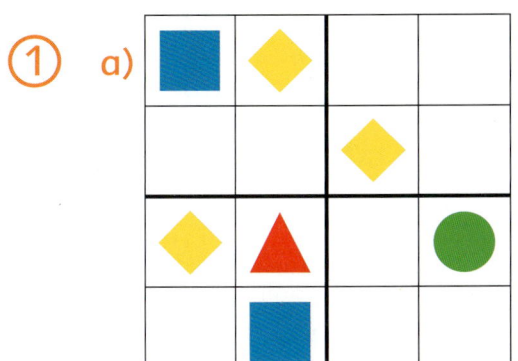 b)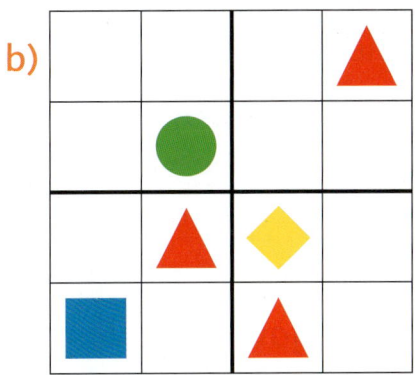

c) 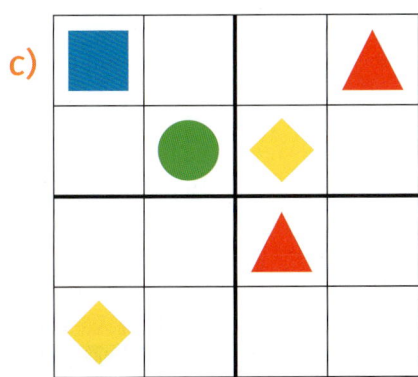 d)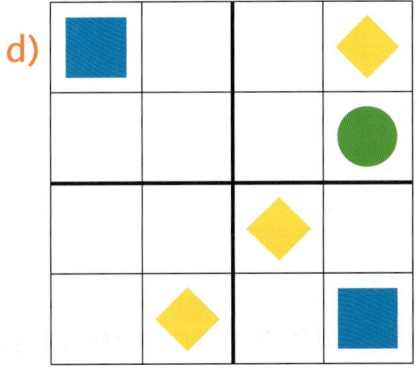

e) 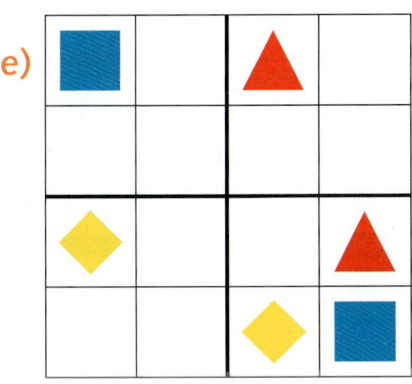 f)

Didaktische Information
Anregungen zum Ausprobieren, Knobeln, Forschen und Entdecken mit Anforderungen, die über die der vorherigen Seiten hinausgehen; D Eigene Sudokus erfinden und in ein Lerntagebuch schreiben

Rechnen mit Zehnern (Z + Z und Z − Z)

①

a) Finde Aufgaben mit diesen Zahlen.
Welche Aufgaben kannst du rechnen?

 b) Welche Aufgaben findest du leicht?
Welche Aufgaben findest du schwer?
Erkläre.

S. 32 Nr. 1
a) 5 + 2 =

② a) Finde Aufgaben mit dem Ergebnis 50.
Du darfst auch lange Aufgaben finden.

 b) Vergleiche mit einem Partner.

S. 32 Nr. 2
a) 2 3 + 2 0 + 9 − 2 = 5 0

③ Lege die Plusaufgaben mit Zehnerstreifen.
Schreibe die Plusaufgabe.

S. 32 Nr. 3
a) 5 0 + 1 0 =

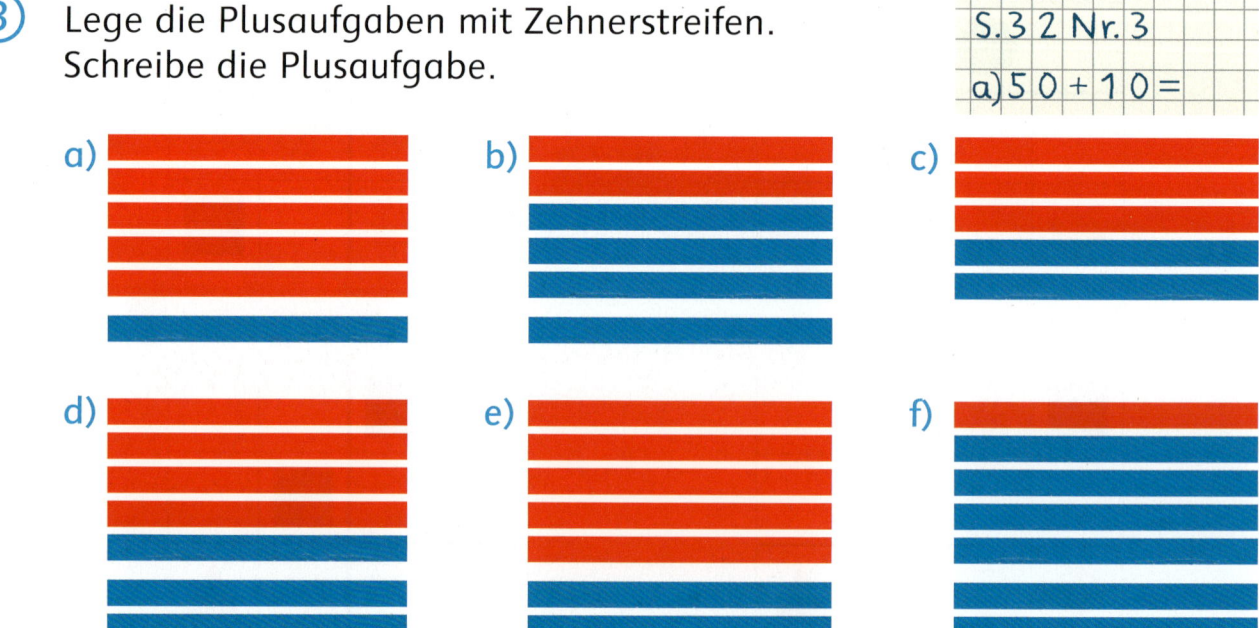

g) Finde eigene Plusaufgaben.

Didaktische Information
Erste Aufgaben sind auch zum Ermitteln der Lernausgangslage nutzbar;
3 g Kinder anregen, passende Aufgaben (Z + Z) zu finden

Sprechen
Ich lege fünf Zehner. Ich lege einen Zehner dazu.
Fünfzig plus zehn gleich sechzig.

▶ D 33/34
▶ KV 30–32

④ Lege die Minusaufgabe mit Zehnerstreifen.
Schreibe die Minusaufgabe.

a)  b)  c)

S.33 Nr.4
a) 5 0 − 3 0 =

d) Finde eigene Minusaufgaben.

der Zehner
der Zehnerstreifen

⑤ a) Rechne die Entdeckerpäckchen.

10 + 10	100 − 10	100 − 10
20 + 20	100 − 20	90 − 20
30 + 30	100 − 30	80 − 30
☐ + ☐	☐ − ☐	☐ − ☐

S.33 Nr.5
a) 1 0 + 1 0 =

b) Rechne weiter.
Wie viele Aufgaben findest du?
Vergleiche mit einem Partner.

⑥ a) 100 − 30   b) 100 − ☐ = 70   c) 100 − ☐ =   0
100 − 50   100 − ☐ = 50   100 − ☐ = 20
100 − 20   100 − ☐ = 80   100 − ☐ = 80
100 − 60   100 − ☐ = 40   100 − ☐ = 30
100 − 90   100 − ☐ = 10   100 − ☐ = 100

fünfzig minus zwanzig

fünfzig minus zwanzig gleich dreißig

Sprechen
3 Hundert minus wie viel gleich siebzig?
❗ Endung -zig zur Unterscheidung -zehn deutlich sprechen

Didaktische Information
Beim Partnerkurs sollten Addition und Subtraktion gleichermaßen trainiert werden

Plusaufgaben mit Einern (ZE + E)

die große Aufgabe
die kleine Aufgabe
der Einer

① Schreibe die Plusaufgabe.

a) 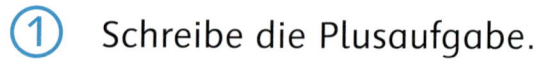   b)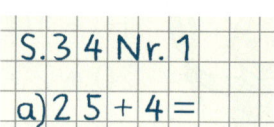

c) 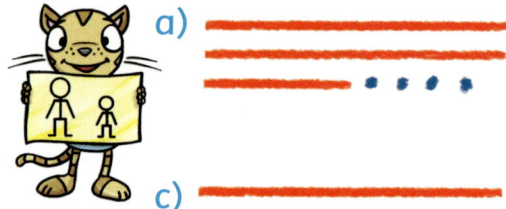   d)    e)

f) Finde eigene Plusaufgaben.

② Lege die Plusaufgabe.
Zeichne das Bild. Rechne die Aufgabe.

a) 34 + 5   b) 63 + 4   c) 41 + 8

d) 52 + 6   e) 25 + 2   f) 33 + 5

 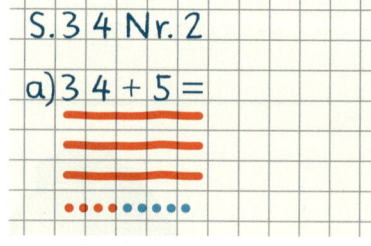

g) Finde eigene Plusaufgaben.

③ Schreibe passende Sätze zur Aufgabe. $72 + 4 = 76$

Der Einer

Der Zehner

bleibt gleich.   wird kleiner.   wird größer.

Didaktische Information
Zum Abdecken des Zehners eignet sich Transparentpapier; Zusammenhang zwischen kleiner und großer Aufgabe beschreiben lassen

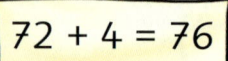
Sprechen
5 plus 3 gleich 8, also ist 45 plus 3 gleich 48.

►KV 25

Minusaufgaben mit Einern (ZE − E)

① Schreibe die Minusaufgabe.

a) b)

c) d) e)

f) Finde eigene Minusaufgaben.

② Lege die Minusaufgabe. Zeichne das Bild. Rechne die Aufgabe.

a) 36 − 3   b) 47 − 5   c) 29 − 6

d) 68 − 3   e) 55 − 4   f) 28 − 4

g) Finde eigene Minusaufgaben.

③ Schreibe passende Sätze zur Aufgabe. 38 − 6 = 32

 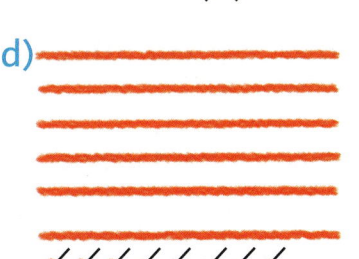 

▶ KV 26

Sprechen
4 minus 3 gleich 1, also ist 24 minus 3 gleich 21.

Didaktische Information
Zusammenhang zwischen kleiner und großer Aufgabe erneut beschreiben lassen;
2 g Kinder anregen, passende Aufgaben (ZE − E ohne Zehnerübergang) zu finden

Rechnen mit Zehnern (ZE + Z und ZE – Z)

① Schreibe die Aufgabe.

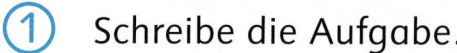
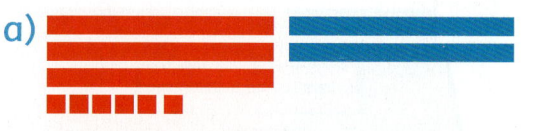
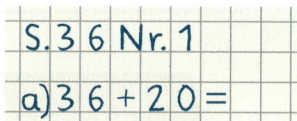
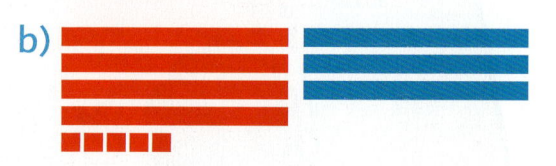

 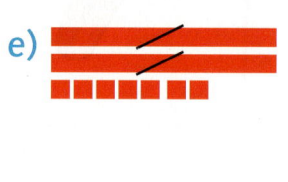 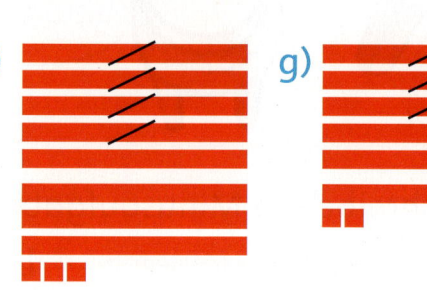

 h) Lege eigene Aufgaben.

② Schreibe passende Sätze zur Aufgabe. $41 + 30 = 71$ S. 36 Nr. 2 a) Der Einer

| Der Einer | bleibt gleich. | wird kleiner. | wird größer. |
| Der Zehner | | | |

 ③ Zeichne einen Rechenstrich.
Mache den Einersprung auf dem Rechenstrich.
Mache den Zehnersprung auf dem Rechenstrich.

der Rechen-strich

S. 36 Nr. 3

a)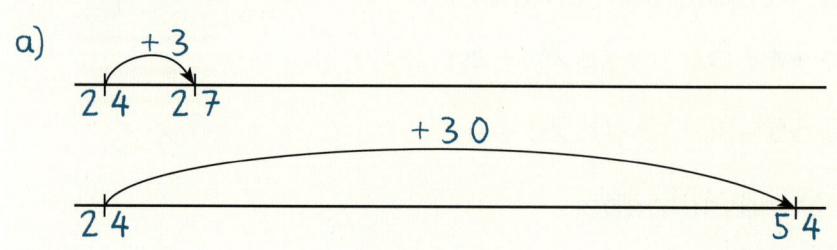
$24 + 3 = 27$
$24 + 30 = 54$

a) $24 + 3$ b) $73 + 2$ c) $41 + 5$ d) $66 + 3$
   $24 + 30$ $73 + 20$ $41 + 50$ $66 + 30$

e) $89 - 6$ f) $26 - 1$ g) $54 - 3$ h) $63 - 2$
   $89 - 60$ $26 - 10$ $54 - 30$ $63 - 20$

Didaktische Information
Das Rechnen mit Rechenstrich sollte gemeinsam erarbeitet werden; hierfür evtl. Blankopapier zur Verfügung stellen, damit Kästchen nicht abgezählt werden

Sprechen
Ich mache den Einersprung/Zehnersprung auf dem Rechenstrich.

► AH 22/23
► D 25/26
► KV 27

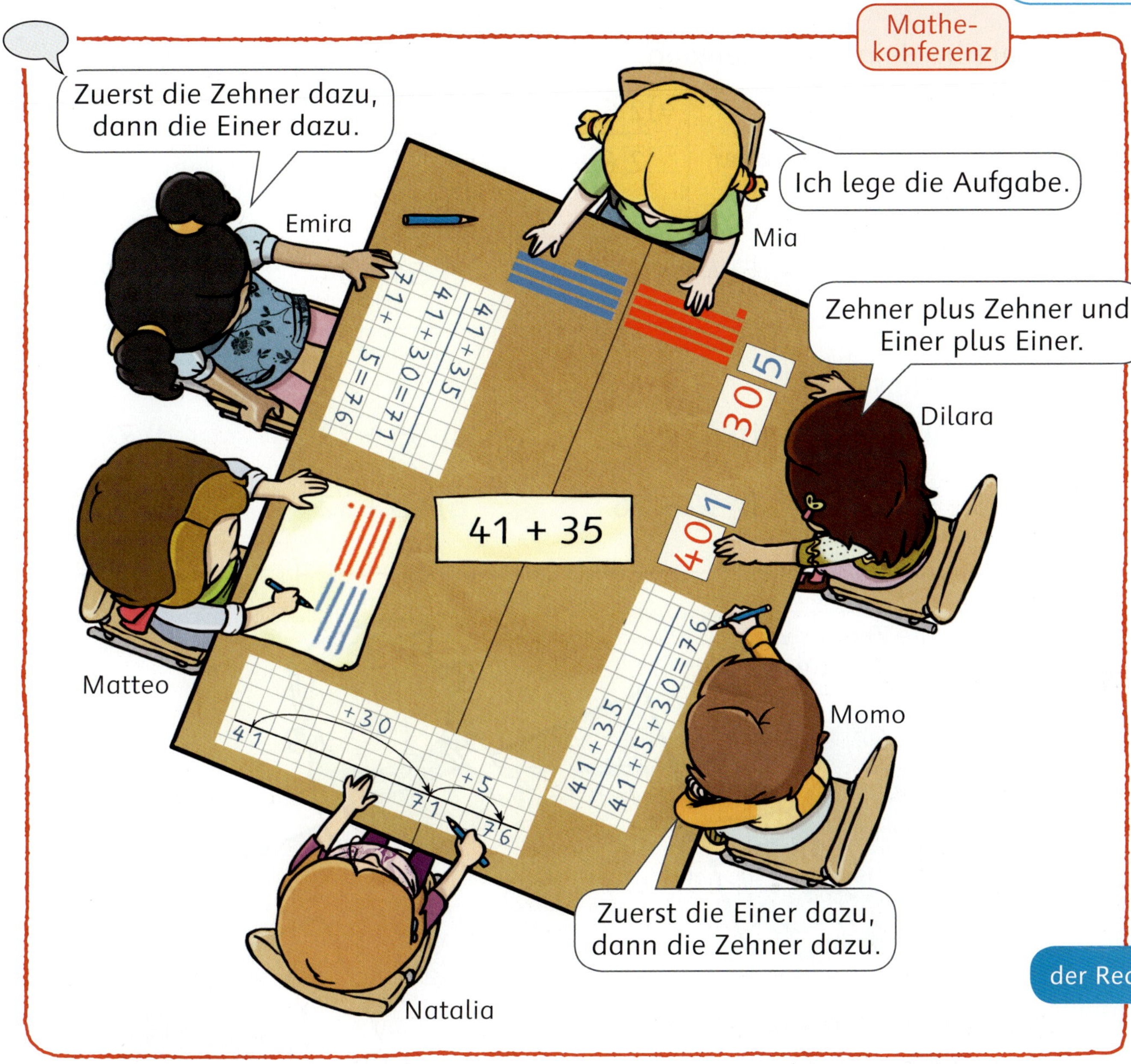

Plusaufgaben mit gemischten Zehnerzahlen (ZE + ZE und ZE − ZE)

Mathekonferenz

Emira: „Zuerst die Zehner dazu, dann die Einer dazu."

Mia: „Ich lege die Aufgabe."

Dilara: „Zehner plus Zehner und Einer plus Einer."

Natalia: „Zuerst die Einer dazu, dann die Zehner dazu."

Matteo

Momo

41 + 35

der Rechenweg

① Wie rechnen die Kinder?

② Welchen Rechenweg kannst du gut erklären?

③ Lege die Plusaufgabe oder zeichne die Plusaufgabe.

a) 46 + 21   b) 53 + 26   c) 41 + 34

d) 25 + 63   e) 82 + 17   f) 13 + 44

g) Finde eigene Plusaufgaben.

S. 37 Nr. 3
a) 46 + 21 =

► AH 24/25
► D 27/28

 Sprechen
Kinder beschreiben und erklären die Rechenwege der Buchkinder.

Didaktische Information
Solche Dokumentation und Präsentation des eigenen Rechenwegs soll regelmäßig gemeinsam und/oder in Gruppen in der Klasse durchgeführt werden

Rechnen mit gemischten Zehnerzahlen (ZE + ZE und ZE – ZE)

① Schreibe deinen Rechenweg.

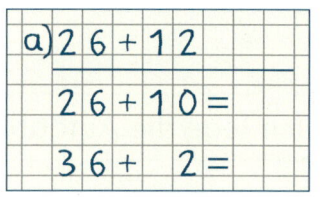

oder

a) 26 + 12   b) 43 + 32   c) 54 + 34   d) 63 + 25

② Wie rechnest du?

a) 27 + 12   b) 62 + 24   c) 35 + 23   d) 74 + 25

e) 36 + 33   f) 52 + 26   g) 45 + 32   h) 64 + 23

Mathekonferenz

Emira: „Zuerst die Zehner weg, dann die Einer weg."

Matteo: „Zehner minus Zehner und Einer minus Einer."

Momo: „Zuerst die Einer weg, dann die Zehner weg."

Mia, Dilara, Natalia

47 – 15

Minusaufgaben mit gemischten Zehnerzahlen (ZE – ZE)

①  Lege die Minusaufgabe oder zeichne die Minusaufgabe.

a) 74 – 23 b) 56 – 42 c) 39 – 18 d) 47 – 24

e) 67 – 45 f) 43 – 23 g) 28 – 16 h) 85 – 33

i) Finde eigene Minusaufgaben.

② Schreibe deinen Rechenweg.

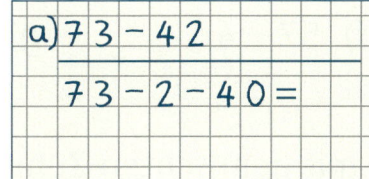

a) 73 – 42 b) 87 – 54 c) 96 – 63 d) 64 – 54

e) 48 – 15 f) 65 – 31 g) 58 – 24 h) 96 – 93

i) 79 – 59 j) 85 – 12 k) 67 – 44 l) 99 – 33

③ Wie rechnest du?

a) 69 – 32 b) 39 – 14 c) 73 – 52 d) 57 – 43

e) 47 – 32 f) 94 – 52 g) 86 – 23 h) 68 – 58

i) 34 – 13 j) 79 – 35 k) 65 – 54 l) 99 – 77

④ a) Rechne die Entdeckerpäckchen.

99 – 11	99 – 11	44 – 22
88 – 11	88 – 22	55 – 33
77 – 11	77 – 33	66 – 44
☐ – ☐	☐ – ☐	☐ – ☐

S. 39 Nr. 4
a) 9 9 – 1 1 =

b) Rechne weiter.
Wie viele Aufgaben findest du?
Vergleiche mit einem Partner.

► AH 26–27
► D 27–31
► KV 29/30

Sprechen
Kinder beschreiben und erklären den eigenen Rechenweg.

Didaktische Information
3 Rechenwege sollten dokumentiert und auszugsweise auch präsentiert werden

39

Das kann ich schon

① Ich kann Aufgaben mit Zehnern rechnen.
Z + Z und Z − Z

a) 40 + 20 b) 80 − 20 c) 100 − ☐ = 50
   60 + 30   70 − 60   100 − ☐ = 90

② Ich kann Aufgaben mit gemischten Zehnerzahlen und Einern rechnen.
ZE + E und ZE − E

a) 45 + 3 b) 32 + 4 c) 52 + 0 d) 27 + 2

e) 78 − 5 f) 57 − 4 g) 69 − 3 h) 36 − 5

③ Ich kann Aufgaben mit gemischten Zehnerzahlen und Zehnern rechnen.
ZE + Z und ZE − Z

a) 42 + 30 b) 54 + 20 c) 78 − 20 d) 67 − 40

e) 61 + 20 f) 42 + 50 g) 59 − 30 h) 37 − 30

④ Ich kann Aufgaben mit zwei gemischten Zehnerzahlen rechnen.
ZE + ZE und ZE − ZE

a) 63 + 25 b) 53 + 32 c) 67 − 52 d) 49 − 17

e) 71 + 18 f) 46 + 42 g) 83 − 43 h) 76 − 52

⑤ Ich kann meinen Rechenweg aufschreiben.

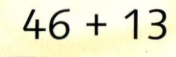 46 + 13

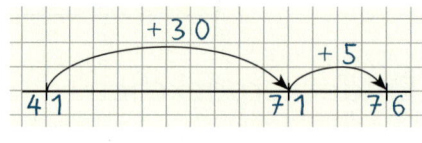 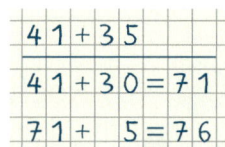

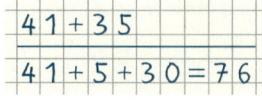 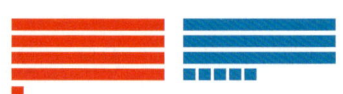

⑥ Ich kann einem Partner meinen Rechenweg erklären.

a) 36 + 23 b) 53 + 32

c) 67 − 52 d) 49 − 17

Forscherseite

1 Rechne die Spiegelaufgaben.

a) 41 + 14 b) 12 + 21 c) 51 + 15 d) 31 + 13

e) 53 + 35 f) 34 + 43 g) 26 + 62 h) 25 + 52

i) Was entdeckst du?

die 1. Zahl   der Einer   der Zehner   das Ergebnis   die 2. Zahl

2 a) Finde Plusaufgaben mit Spiegelzahlen.

☐ + ☐ = 77   ☐ + ☐ = 88   ☐ + ☐ = 66

☐ + ☐ = 44   ☐ + ☐ = 33   ☐ + ☐ = 55

b) Finde verschiedene Spiegelaufgaben.   ☐ + ☐ = 99

c) 12 + 21 = ㉝
14 + 41 = ㊺
26 + 62 = ㊻

Nimm eine Hundertertafel.
Male die Spiegelzahlen in der gleichen Farbe an.
Kreise das Ergebnis ein.
Finde 10 verschiedene Spiegelaufgaben.

d) Was entdeckst du?

e) Warum heißen 23 und 32 Spiegelzahlen?

1	2	3	4	5	6	7	8	9	10
11	12	13	14	15	16	17	18	19	20
21	22	23	24	25	26	27	28	29	30
31	32	33	34	35	36	37	38	39	40
41	42	43	44	45	46	47	48	49	50
51	52	53	54	55	56	57	58	59	60
61	62	63	64	65	66	67	68	69	70
71	72	73	74	75	76	77	78	79	80
81	82	83	84	85	86	87	88	89	90
91	92	93	94	95	96	97	98	99	100

Didaktische Information
Anregungen zum Ausprobieren, Knobeln, Forschen und Entdecken mit Anforderungen, die über die der vorherigen Seiten hinausgehen

Kombinatorik

die Kombination

 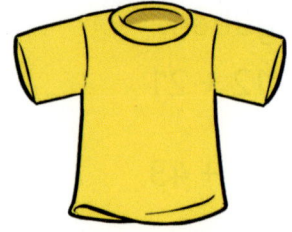 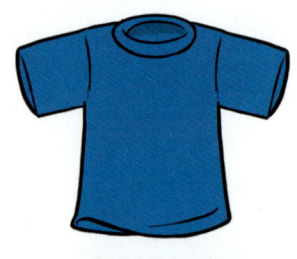

① Die Schule macht ein Fußballturnier.
Für die Mannschaften gibt es neue T-Shirts und Hosen.
Jede Mannschaft bekommt eine andere Kombination.

a) Vermute. Wie viele Kombinationen gibt es?

b) Lege mit:

c) Wie viele Kombinationen findest du?
Male.

d) Vergleiche mit einem Partner.

e) Zeichne eine Tabelle.
Finde alle Kombinationen.

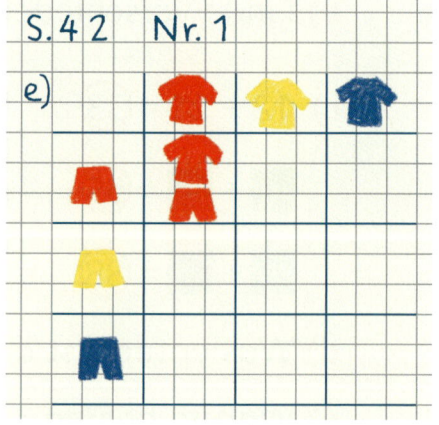

② Die Schule bekommt noch weiße T-Shirts und weiße Hosen dazu.

a) Vermute. Wie viele Kombinationen gibt es jetzt?

b) Lege mit:

c) Wie viele Kombinationen findest du?
Male.

d) Vergleiche mit einem Partner.

e) Zeichne eine Tabelle.
Finde alle Kombinationen.

42 **Didaktische Information**
Kinder stellen ihre Forscherergebnisse zuerst bildlich
dar; die Tabelle dient dazu, systematisch zu überprüfen,
ob alle Kombinationen gefunden wurden

Sprechen
*Welche Kombination hast du gefunden? Ich kombiniere
ein rotes T-Shirt mit einer gelben Hose.* oder *Ich kombiniere eine gelbe Hose mit einem roten T-Shirt.*
❗ Beugung der Nominalgruppe – Adjektivdeklination

▶AH 28/29
▶D 35/36
▶KV 33

③ Finde verschiedene Sätze.

a) Vermute. Wie viele Kombinationen gibt es?

b) Probiere mit

c) Wie viele Kombinationen findest du? Schreibe die Sätze auf.

d) Vergleiche mit einem Partner.

④ Finde verschiedene Sätze.

Oma	fliegt	zum Mond.
Opa	schwimmt	zum Nordpol.
Mama	kriecht	in den Urwald.
Papa	hüpft	in den Keller.

a) Vermute. Wie viele Kombinationen gibt es jetzt?

b) Probiere mit

c) Wie viele Kombinationen findest du? Schreibe die Sätze auf.

d) Vergleiche mit einem Partner.

▶ KV 34/35

Sprechen
Wenn die Kinder eigene Satzspiele entwickeln möchten, muss die Grammatik beachtet werden.

Didaktische Information
Nach einer freien Phase des Forschens soll das systematische Forschen angeregt werden, z. B. *Finde alle Sätze mit „Oma".* Eigene „Satzpuzzle" erfinden

Daten und Häufigkeit

die Strichliste
das Diagramm
meisten
wenigsten
gleich viel

① Mache eine Umfrage in deiner Klasse. Wie kommen die Kinder zur Schule?

zu Fuß
mit dem Roller
mit dem Auto
mit dem Bus
mit der Straßenbahn

a) Zähle mit einer Strichliste.

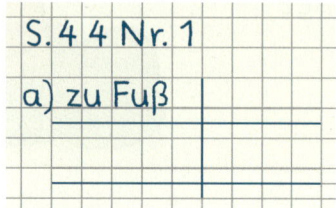

b) Zeichne ein Diagramm.

c) Vergleiche mit einem Partner.

② Wie kommen die Kinder zur Schule?

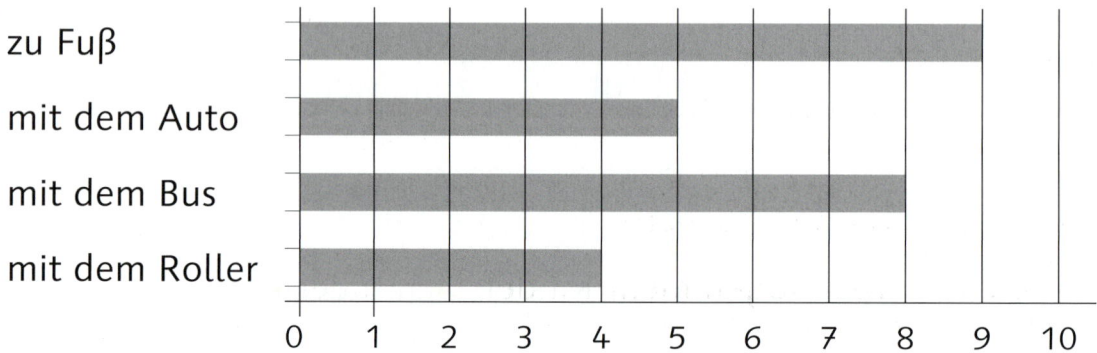

a) Wie viele Kinder gehen zu Fuß?

b) Wie viele Kinder kommen mit dem Auto?

c) Wie viele Kinder fahren mit dem Bus?

d) Wie viele Kinder fahren mit dem Roller?

e) Wie kommen die meisten Kinder zur Schule?

f) Wie kommen die wenigsten Kinder zur Schule?

g) Finde eigene Fragen.

③ Welche Farbe mögen die Kinder lieber?

Tabelle   *Strichliste*   *Diagramm*

Umut	🟨
Lisa	🟩
Timo	🟩
Mia	🟩
Emira	🟩
Momo	🟨
Milan	🟨
Dilara	🟨
Matteo	🟨
Natalia	🟨

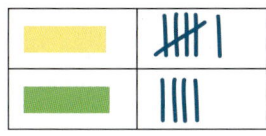

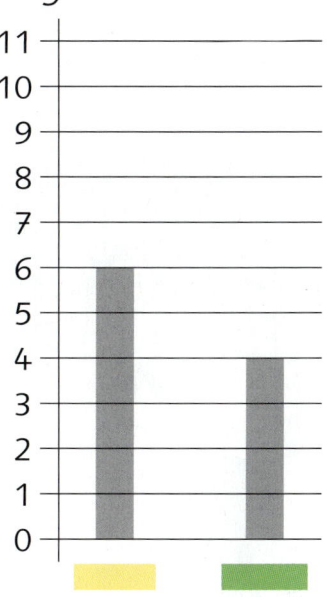

 die Tabelle

a) Welche Farbe mag Lisa lieber?
Findest du die Antwort in der Tabelle, in der Strichliste oder im Diagramm?

b) Welche Farbe mag Momo lieber?
Wo hast du nachgesehen?

c) Wie viele Kinder mögen 🟨 lieber?
Wo hast du nachgesehen?

d) Wie viele Kinder mögen 🟩 lieber?
Wo hast du nachgesehen?

e) Welche Farbe mögen mehr Kinder, 🟨 oder 🟩?
Wo hast du nachgesehen?

f) Welche Farbe mag Leo lieber?
Wo hast du nachgesehen?

g) Vergleiche mit einem Partner.

④ Mache eine Umfrage in deiner Klasse.
Welche Farbe mögen die Kinder lieber?

a) Zeichne eine Tabelle.   b) Zähle mit einer Strichliste.

c) Zeichne ein Diagramm.

▶ AH 31
▶ D 37/38
▶ KV 38/39

Sprechen
Durch die Fragestellung *Wo hast du nachgesehen?* nutzen die Schüler die Fachbegriffe.

Didaktische Information
Verschiedene Darstellungsweisen von Daten benennen, geeignete auswählen und reflektieren; eine Kapitänsaufgabe; eigene Ergebnisse z. B. auf einem Plakat präsentieren

45

Wahrscheinlichkeit

sicher
möglich
unmöglich

① Finde passende Sätze mit sicher , möglich , unmöglich .

a) Es ist _____, dass Natalia schneller läuft.

b) Es ist _____, dass Dilara schwitzt.

c) Es ist _____, dass Timo ein Tor schießt.

d) Es ist _____, dass Matteo hinfällt.

e) Es ist _____, dass Emira ein Tor schießt.

f) Es ist _____, dass Lisa sich erschreckt.

g) Es ist _____, dass es regnet.

h) Es ist _____, dass der Ball kaputtgeht.

i) Es ist _____, dass Milan den Ball hält.

② a) Finde eigene Sätze mit sicher .

b) Finde eigene Sätze mit möglich .

c) Finde eigene Sätze mit unmöglich .

Zufall

①

Setze ein: sicher , möglich oder unmöglich .

a) Es ist _____, dass du eine rote Kugel ziehst.
   Es ist _____, dass du eine blaue Kugel ziehst.
   Es ist _____, dass du eine weiße Kugel ziehst.

b) Es ist _____, dass du eine rote Kugel ziehst.
   Es ist _____, dass du eine blaue Kugel ziehst.
   Es ist _____, dass du eine weiße Kugel ziehst.

c) Es ist _____, dass du eine rote Kugel ziehst.
   Es ist _____, dass du eine blaue Kugel ziehst.
   Es ist _____, dass du eine weiße Kugel ziehst.

② Welcher Beutel passt? Ordne zu.

a) Es ist möglich , dass du eine weiße Kugel ziehst.   1.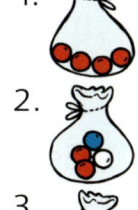

b) Es ist unmöglich , dass du eine weiße Kugel ziehst.   2.

c) Es ist sicher , dass du eine rote Kugel ziehst.   3.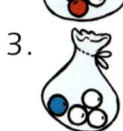

d) Es ist möglich , dass du eine blaue Kugel ziehst.

③ Zeichne passende Beutel mit 4 Kugeln.

a) Es ist möglich , dass du eine blaue Kugel ziehst.

b) Es ist sicher , dass du eine rote Kugel ziehst.

c) Es ist unmöglich , dass du eine weiße Kugel ziehst.

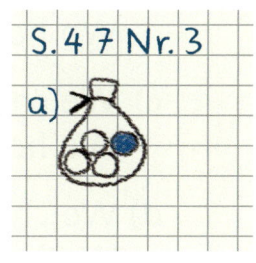

▶ AH 33
▶ D 39–42
▶ KV 40

💬 Sprechen
❗ Das bekannte Satzmuster wird weiterentwickelt, im Nebensatz wird jetzt die 2. Person Singular genutzt (dass du … ziehst.).

Didaktische Information
Als Einstieg konkret mit Kugeln und Beuteln handeln; stets eine Kugel ziehen, anschauen, zurücklegen und den Beutel schütteln; nach mehreren Ziehungen Sätze formulieren; ❗ mehrere Lösungsmöglichkeiten

Das kann ich schon

① Ich kann alle Kombinationen finden.

Beim Indianerfest gibt es Stirnbänder und Federn.
Jede Klasse bekommt eine andere Kombination.

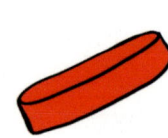   

② Ich kann eine Strichliste in ein Diagramm übertragen.

| Löwe | |||| |||| || |
| Affe | |||| |||| |

③ Ich kann eine Tabelle, eine Strichliste und ein Diagramm lesen und Fragen dazu beantworten.

Welche Farbe mögen die Kinder lieber?

Tabelle

Milan	🟦
Dilara	🟦
Emira	🟦
Matteo	🟦
Natalia	🟥
Momo	🟦

Strichliste

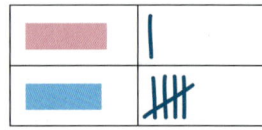

Diagramm

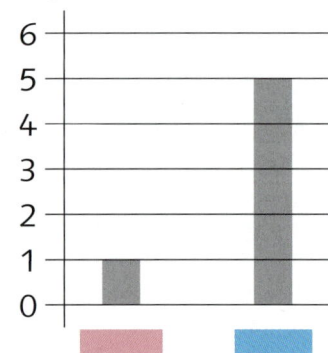

a) Wie viele Kinder mögen 🟥 lieber?
   Wo hast du nachgesehen?

b) Wie viele Kinder mögen 🟦 lieber?
   Wo hast du nachgesehen?

c) Welche Farbe mag Milan lieber?
   Wo hast du nachgesehen?

d) Welche Farbe mag Frau Koch lieber?
   Wo hast du nachgesehen?

Forscherseite

Es gibt rote und blaue Perlen.

① Jede Kette hat vier Perlen.
Wie viele Kombinationen findest du?

Lege mit Plättchen und male.

② Jede Kette hat fünf Perlen.
Wie viele Kombinationen gibt es?

Lege mit Plättchen und male.

③ Jede Kette hat drei Perlen.
Wie viele Kombinationen gibt es?

Lege mit Plättchen und male.

④ Jede Kette hat zwei Perlen.
Wie viele Kombinationen gibt es?

Lege mit Plättche und male.

⑤ Schreibe eine Tabelle.

S. 49 Nr. 5

Perlen	Kombinationen
2	
3	
4	

⑥ Eine Kette hat 6 Perlen.
Wie viele Kombinationen gibt es?
Kannst du es herausfinden, ohne auszuprobieren?

Didaktische Information
Anregungen zum Ausprobieren, Knobeln, Forschen und
Entdecken mit Anforderungen, die über die der vorherigen
Seiten hinausgehen

Zum großen Nachbarzehner ergänzen

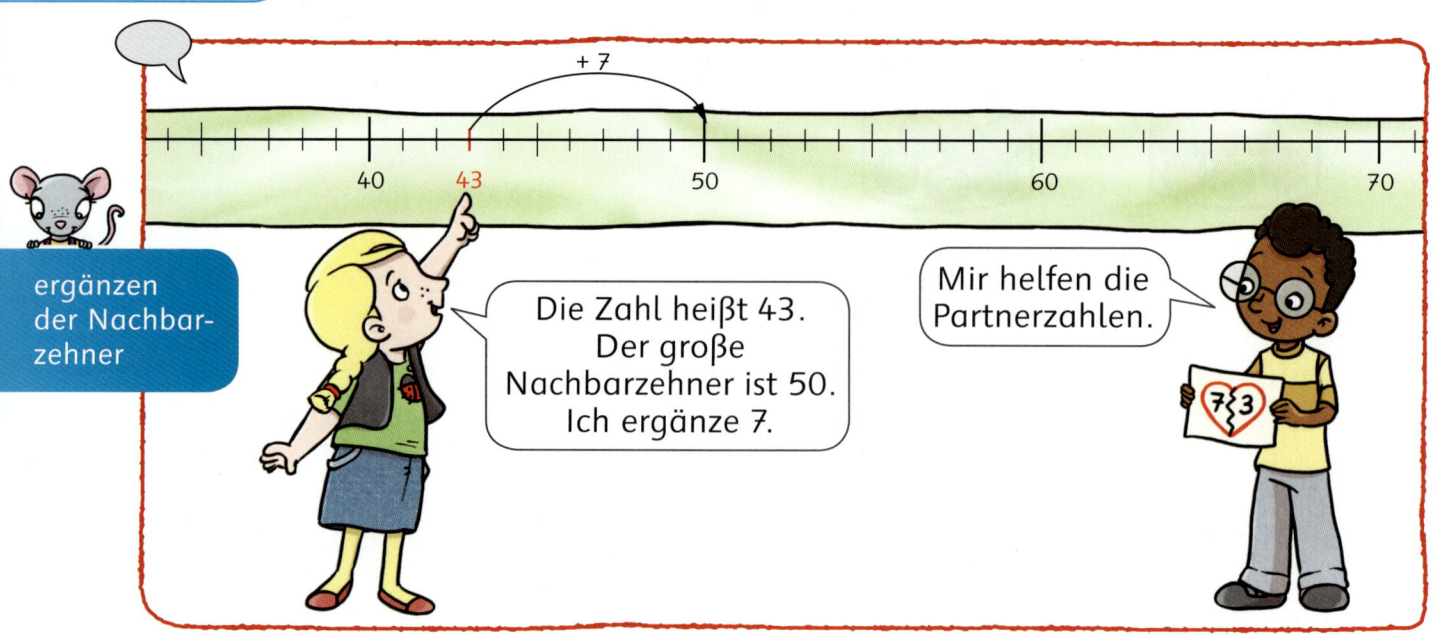

1 Ergänze zum großen Nachbarzehner.

a) 57 + ☐ = 60
35 + ☐ = 40
42 + ☐ = 50
26 + ☐ = 30

b) 73 + ☐ = 80
94 + ☐ = 100
89 + ☐ = 90
68 + ☐ = 70

c) 48 + ☐ = ☐
69 + ☐ = ☐
37 + ☐ = ☐
56 + ☐ = ☐

Plusaufgaben mit Zehnerübergang

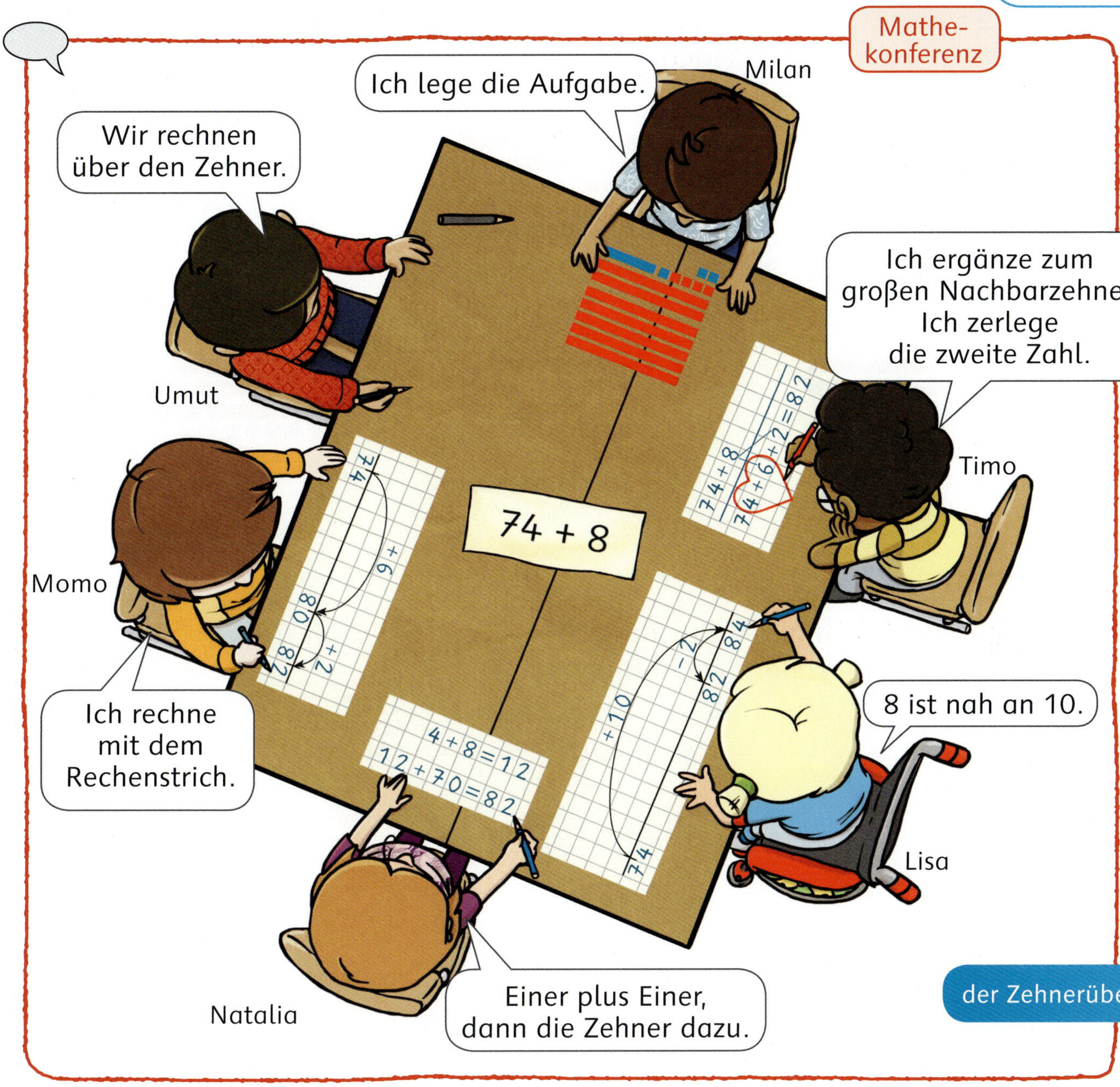

Mathekonferenz

Milan: Ich lege die Aufgabe.

Umut: Wir rechnen über den Zehner.

Timo: Ich ergänze zum großen Nachbarzehner. Ich zerlege die zweite Zahl.
74 + 8
74 + 6 + 2 = 82

Momo: Ich rechne mit dem Rechenstrich.

Aufgabe: 74 + 8

Natalia: Einer plus Einer, dann die Zehner dazu.
4 + 8 = 12
12 + 70 = 82

Lisa: 8 ist nah an 10.

der Zehnerübergang

① Wie rechnen die Kinder?

② Welchen Rechenweg kannst du gut erklären?

③ Wie rechnest du?
- a) 53 + 8
- b) 24 + 9
- c) 76 + 6
- d) 47 + 5
- e) 35 + 7
- f) 87 + 6
- g) 68 + 5
- h) 32 + 9

i) Finde eigene Plusaufgaben.

▶ AH 34/35
▶ D 43/44

Sprechen
Kinder beschreiben und erklären die Rechenwege der Buchkinder; Kinder erklären den eigenen Rechenweg.

Didaktische Information
3 Rechenwege sollten dokumentiert und auszugsweise auch präsentiert werden;
3 i Kinder anregen, passende Aufgaben (ZE + E mit Zehnerübergang) zu finden

51

Plusaufgaben mit Zehnerübergang

① Ergänze zum großen Nachbarzehner.
Zerlege die zweite Zahl.

a)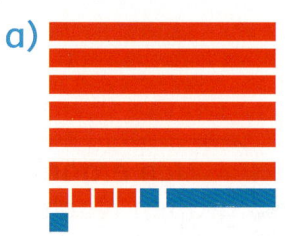
b)

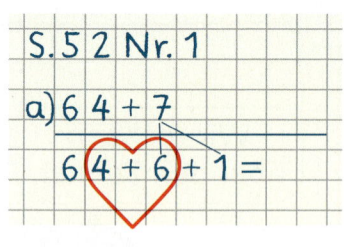

c)
d)
e)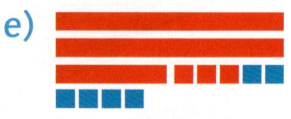

② Lege oder zeichne die Plusaufgabe.
Ergänze zum großen Nachbarzehner.
Zerlege die zweite Zahl.

a) 25 + 8   b) 63 + 9

c) 45 + 7   d) 36 + 6

e) 55 + 7   f) 17 + 8

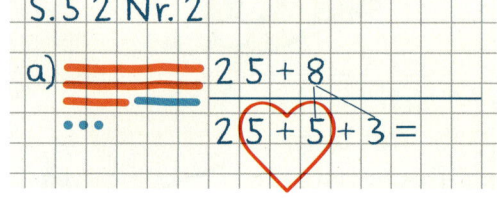

③ Rechne die Aufgaben mit dem Rechenstrich.

a) 28 + 6   b) 63 + 8

c) 86 + 7   d) 35 + 6

e) 74 + 9   f) 48 + 4

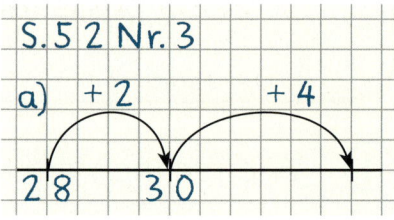

④ Rechne zuerst die Einer.
Rechne dann die Zehner dazu.

a) 47 + 5   b) 69 + 2

c) 28 + 9   d) 76 + 8

e) 57 + 4   f) 88 + 8

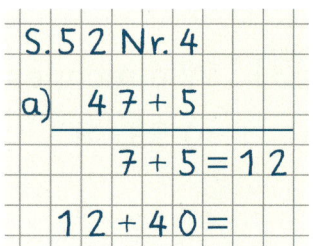

Didaktische Information
1–4 Mögliche Rechenwege werden eingeübt;
nicht jedes Kind muss jeden Rechenweg beherrschen

Sprechen
1, 2 Ich ergänze zum großen Nachbarzehner.
Ich zerlege die zweite Zahl.

► AH 34/35
► D 43/44
► KV 44

Vom Zehner wegnehmen

Ich habe 5 Zehner.

Ich wechsle einen Zehner in 10 Einer.

Ich nehme 3 Einer weg. 7 Einer und 4 Zehner bleiben.

① Nimm vom Zehner weg.

a) 50 – 3   b) 20 – 5   c) 60 – 1

d) 70 – 8   e) 90 – 9   f) 80 – 4

g) 30 – 6   h) 40 – 2   i) 100 – 7

S. 53 Nr. 1
a) 5 0 – 3 =

② Schreibe passende Sätze zur Aufgabe.   50 – 8 = 42

Der Einer   wird kleiner.   Der Zehner

bleibt gleich.   wird größer.

S. 53 Nr. 2
a) Der Einer

80 minus 4.

Der Partner von 4 ist 6. 80 minus 4 gleich 76.

▶ KV 45

Sprechen
⚠ Verbtrennung: *Ich nehme … weg / Nimm … weg.*

Didaktische Information
In der Einführungssituation Schritte beschreiben und begründen lassen; D Partnerkurs kann zunächst mit konkretem Material und kleinschrittig wie in der Einführungssituation durchgeführt werden

Minusaufgaben mit Zehnerübergang

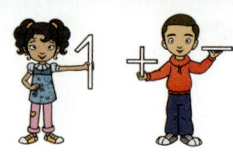

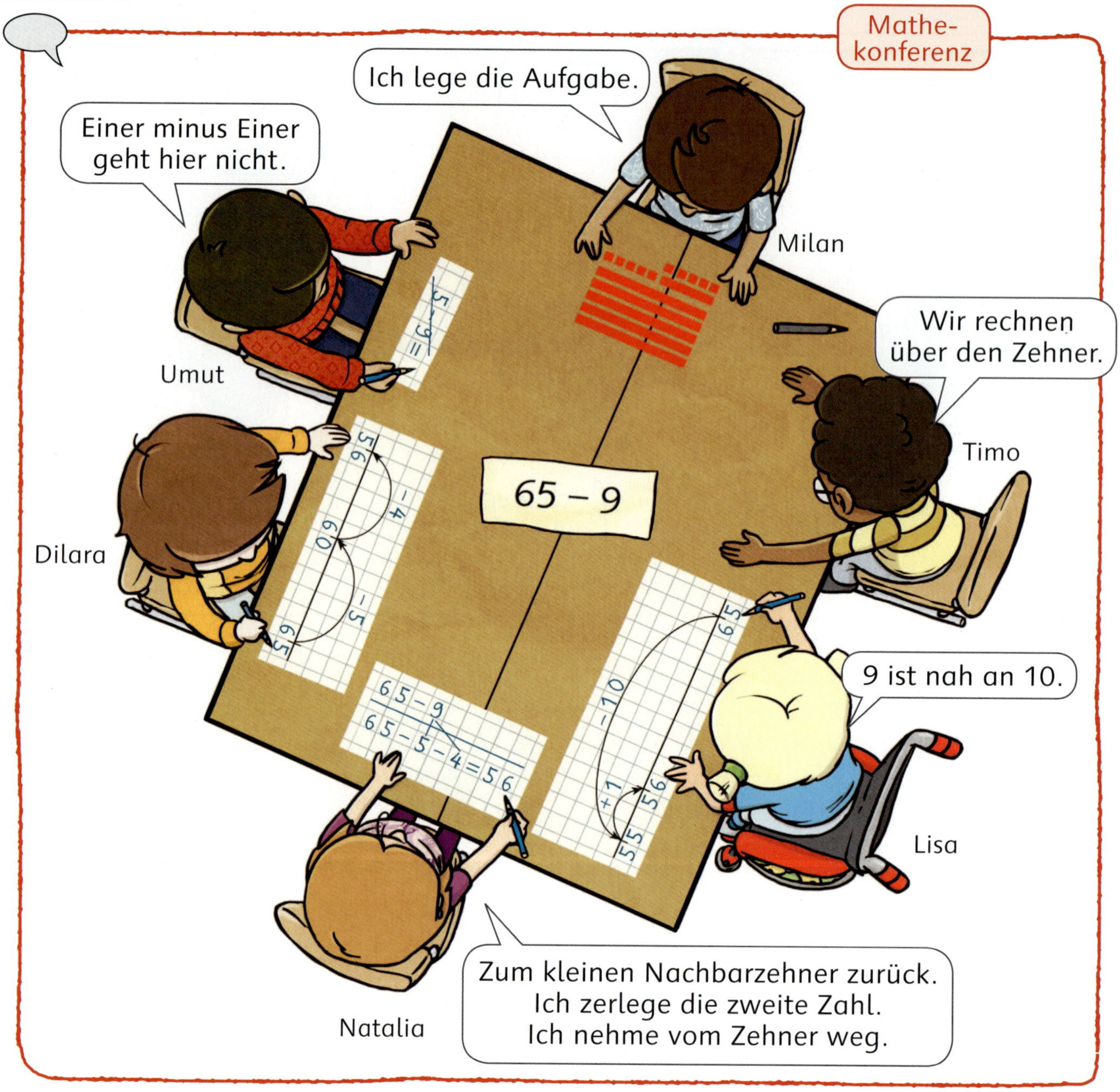
Mathe-konferenz
Ich lege die Aufgabe.
Einer minus Einer geht hier nicht.
Milan
Umut
Wir rechnen über den Zehner.
Timo
65 – 9
Dilara
9 ist nah an 10.
Lisa
Natalia
Zum kleinen Nachbarzehner zurück.
Ich zerlege die zweite Zahl.
Ich nehme vom Zehner weg.
65 – 9
65 – 5 – 4 = 56

① Wie rechnen die Kinder?

② Welchen Rechenweg kannst du gut erklären?

③ Wie rechnest du?

a) 42 – 6	b) 54 – 5	c) 73 – 8	d) 27 – 9
e) 61 – 4	f) 35 – 7	g) 84 – 7	h) 95 – 8

i) Finde eigene Minusaufgaben.

Didaktische Information
3 Rechenwege sollten dokumentiert und auszugsweise auch präsentiert werden;
3 i Kinder anregen, passende Aufgaben (ZE – E mit Zehnerübergang) zu finden

Sprechen
Kinder beschreiben und erklären die Rechenwege der Buchkinder; Kinder erklären den eigenen Rechenweg.

▸AH 36/37
▸D 45/46
▸KV 46–48

Plus- und Minusaufgaben
mit Zehnerübergang (ZE + E und ZE − E)

im gleichen Zehner rechnen	über den Zehner rechnen
75 + 3 = 78	73 − 5 = 68
68 − 4 = 64	4 + 48 = 52

① Sortiere die Aufgaben in eine Tabelle.
Rechne die Aufgaben.

53 − 8   45 − 4   82 − 8
36 + 3   73 + 8   81 + 6
64 − 4   65 + 5   39 − 7

```
S. 55 Nr. 1
im gleichen Zehner | über den Zehner
```

②  Hier sind 5 Ergebnisse falsch. Finde die 5 falschen Ergebnisse.
Schreibe die 5 Aufgaben und rechne richtig.

a) 86 + 7 = 93   b) 53 + 8 = 51   c) 48 + 3 = 51
d) 67 − 8 = 69   e) 31 − 4 = 27   f) 94 − 6 = 98
g) 63 + 7 = 60   h) 66 − 6 = 60   i) 37 + 7 = 34

 k) Was ist immer der Fehler?

> Minus und plus werden immer verwechselt.

> Der Einer ist immer falsch.

> Der Zehner ist immer falsch.
> Es muss über den Zehner gerechnet werden.

③ <, > oder =

a) 38 − 6 ○ 30   b) 67 + 6 ○ 70
c) 45 − 6 ○ 40   d) 53 + 4 ○ 60
e) 98 − 8 ○ 90   f) 38 + 6 ○ 40

```
S. 55 Nr. 3
a) 3 8 − 6 > 3 0
```

▶ AH 36/37
▶ D 45/46
▶ KV 46−48

 Sprechen
Ich rechne 75 + 3 im gleichen Zehner, weil ...
Ich rechne 73 − 5 über den Zehner, weil ...

Didaktische Information
1 Beschreiben lassen, woran Kinder erkennen, ob über den Zehner gerechnet wird; 3 Lösungsschritte (z. B. Notieren des Ergebnisses auf linker Gleichungsseite) sollten gemeinsam erarbeitet werden

Rechenwege für Plusaufgaben aufschreiben

① Zu jedem Rechenweg passt ein Satz.
Schreibe neben jeden Rechenweg
den passenden Satz.

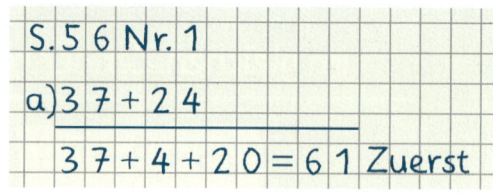

a) 37 + 24
   37 + 4 + 20 = 61

b) 37 + 24
   3(7 + 3) + 21 = 61 ♥

c) 37 + 24
   7 + 4 + 30 + 20 = 61

d) 37 + 24
   37 + 20 + 4 = 61

„Zuerst die Zehner dazu, dann die Einer dazu"

„Einer plus Einer plus Zehner plus Zehner."

„Ich ergänze zum großen Nachbarzehner. Ich zerlege die zweite Zahl."

„Zuerst die Einer dazu, dann die Zehner dazu."

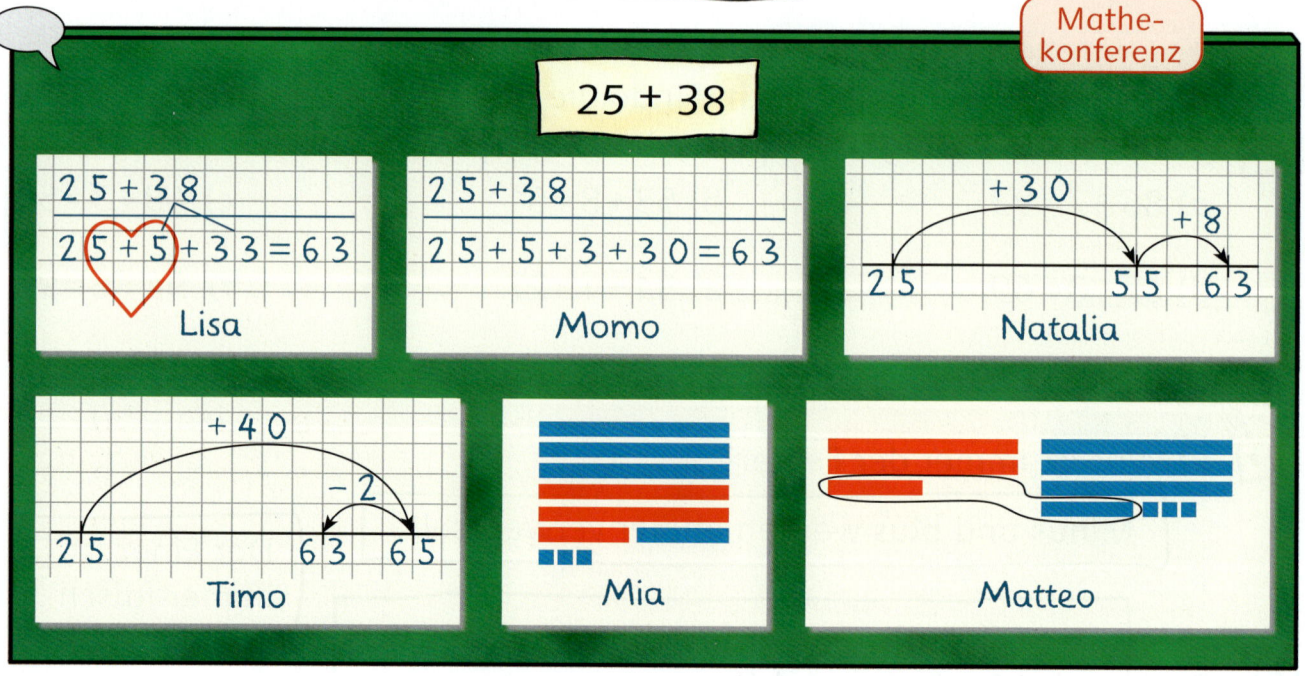

Mathekonferenz

25 + 38

Lisa: 25 + 38 / 25 + 5 + 33 = 63 ♥
Momo: 25 + 38 / 25 + 5 + 3 + 30 = 63
Natalia: 25 →+30→ 55 →+8→ 63
Timo: 25 →+40→ 65 →−2→ 63
Mia
Matteo

② a) Wie rechnen die Kinder?
   b) Welchen Rechenweg kannst du gut erklären?

③ Wie rechnest du?

a) 36 + 25
b) 63 + 19
c) 57 + 15
d) 37 + 44

e) 42 + 29
f) 74 + 18
g) 56 + 27
h) 66 + 34

► AH 38/39

Plusaufgaben mit Zehnerübergang (ZE + ZE)

1 Bei fünf Aufgaben ist das Ergebnis 100.
Finde die fünf Aufgaben.

a) 67 + 33 b) 50 + 30 c) 10 + 79 d) 74 + 36

e) 99 + 99 f) 55 + 55 g) 40 + 60 h) 25 + 75

i) 11 + 22 + 33 b) 50 + 25 + 25 k) 66 + 30 + 4 l) 98 + 0 + 1

2 Immer zwei Aufgaben haben das gleiche Ergebnis.
Finde die Aufgaben und rechne.

a) 40 + 24
26 + 27
39 + 25

b) 55 + 20
56 + 19
63 + 29

c) 38 + 17
20 + 18
19 + 19

d) 40 + 40
39 + 57
41 + 39

e) 35 + 50
50 + 35
76 + 17

f) 59 + 11
60 + 10
47 + 34

g) 55 + 44
19 + 34
20 + 33

h) 60 + 22
59 + 23
59 + 22

3 < oder > oder =

a) 25 + 25 ◯ 50
24 + 24 ◯ 50
26 + 26 ◯ 50

b) 75 ◯ 50 + 26
75 ◯ 49 + 27
75 ◯ 25 + 50

c) 50 + 10 ◯ 50 + 9
50 + 20 ◯ 49 + 21
50 + 30 ◯ 49 + 29

4 Rechne die Entdeckerpäckchen.

a) 55 + 20
55 + 19
55 + 18
☐ + ☐

b) 25 + 25
26 + 26
27 + 27
☐ + ☐

c) 9 + 89
19 + 79
29 + 69
☐ + ☐

d) 100 + 0
99 + 1
98 + 2
☐ + ☐

e) Rechne weiter.
Wie viele Aufgaben findest du?
Vergleiche mit einem Partner.

▶ AH 38/39  **Sprechen**
Die erste Aufgabe und die dritte Aufgabe haben das gleiche Ergebnis, denn die erste Zahl ist um 1 größer und die zweite Zahl ist ...

Didaktische Information
2 Zu Begründungen der Lösung anregen;
3 Ggf. Hilfestellung zum Lösungsvorgehen anbieten;
D Eigene Entdeckerpäckchen erfinden und in ein Lerntagebuch schreiben

57

Rechenwege für Minusaufgaben aufschreiben

① Zu jedem Rechenweg passt ein Satz. Schreibe neben jeden Rechenweg den passenden Satz.

a) 43 − 28
   43 − 8 − 20 = 15

b) 43 − 28
   43 − 3 − 25 = 15

c) 43 − 28
   43 − 20 − 8 = 15

d) 43 − 28
   37 − 30 + 2 = 15

S. 58 Nr. 1
a) 43 − 28
   43 − 8 − 20 = 15 Zuerst

> 28 ist nah an 30.

> Zuerst die Zehner weg, dann die Einer weg.

> Zum kleinen Nachbarzehner zurück. Ich zerlege die zweite Zahl. Ich nehme vom Zehner weg.

> Zuerst die Einer weg, dann die Zehner weg.

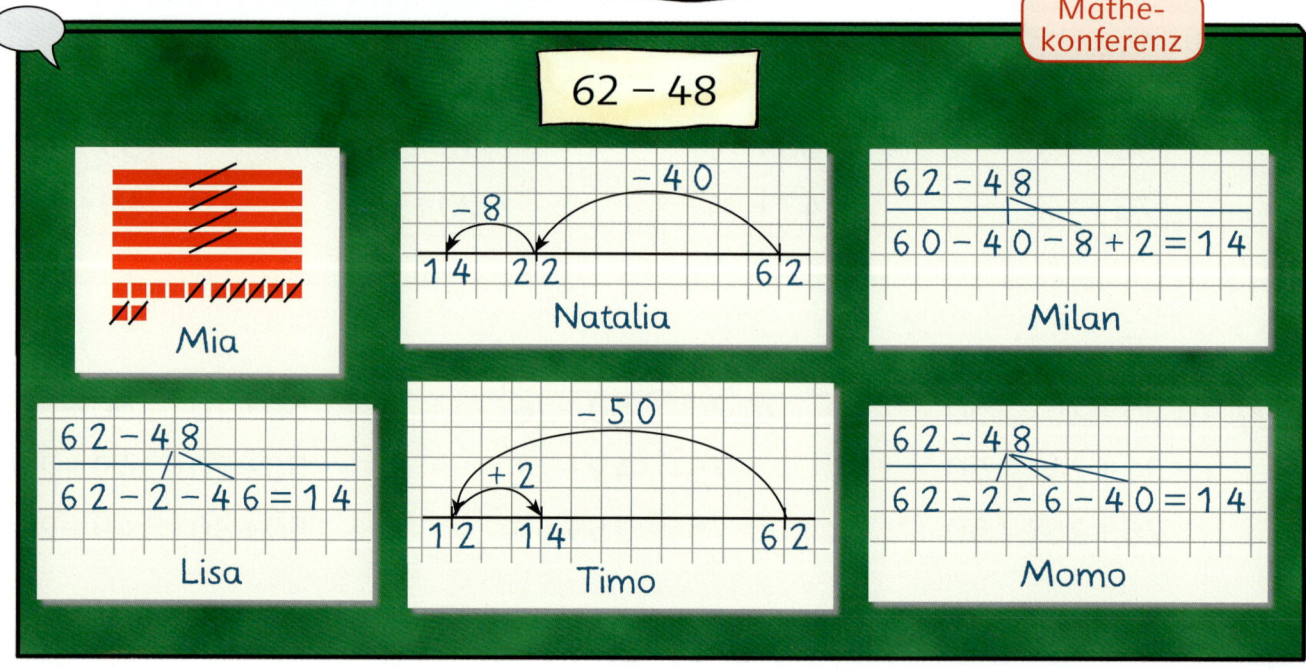

Mathekonferenz

② a) Wie rechnen die Kinder?

b) Welchen Rechenweg kannst du gut erklären?

③ Wie rechnest du?

a) 76 − 37 b) 63 − 19 c) 47 − 18 d) 63 − 34

e) 42 − 29 f) 74 − 16 g) 55 − 37 h) 82 − 58

Minusaufgaben mit Zehnerübergang (ZE – ZE)

> 62 ist nah an 57. Deshalb kann ich leicht ergänzen.

62 – 57 =
57 + 5 = 62

ergänzen

① Ergänze.

a) 53 – 48   b) 73 – 66   c) 82 – 78

d) 31 – 25   e) 91 – 88   f) 64 – 59

g) 42 – 36   h) 54 – 49   i) 75 – 68

② Hier sind 5 Ergebnisse falsch. Finde die 5 falschen Ergebnisse.
Schreibe die 5 Aufgaben und rechne richtig.

a) 86 – 17 = 96   b) 54 – 28 = 62   c) 43 – 33 = 10

d) 47 – 28 = 19   e) 31 – 15 = 61   f) 44 – 36 = 8

g) 73 – 37 = 36   h) 55 – 50 = 50   i) 97 – 19 = 87

 k) Was ist immer der Fehler?

> Minus und plus werden immer verwechselt.

> Nur der Zehner ist immer falsch. Es muss über den Zehner gerechnet werden.

> Der Einer und der Zehner sind im Ergebnis immer vertauscht.

③ Finde Minusaufgaben mit diesen Zahlen. Wie viele Aufgaben kannst du finden?

19   46   37   65   73

▶ AH 40/41

Sprechen
57 plus wie viel gleich 62?

Didaktische Information
Beschreiben und begründen lassen, bei welchen Aufgaben das Ergänzen eine geeignete Strategie ist

Plus- und Minusaufgaben mit Zehnerübergang (ZE + ZE und ZE − ZE)

**① Mache die Aufgaben leichter.
Sortiere die Zahlen in der Aufgabe.**

a) 7 + 35 + 3
    35 + 7 + 5
    7 + 18 + 2
    13 + 25 + 7

b) 56 − 8 − 6
    73 − 9 − 3
    64 − 50 − 4
    28 − 19 − 8

S. 60 Nr. 1
a) 7 + 35 + 3
   _____
   7 + 3 + 35 =

c) 35 + 27 − 35
    15 + 15 − 15
    27 − 9 + 3
    40 + 18 − 10

d) 17 + 15 + 3
    9 + 24 + 1
    13 + 12 + 7
    36 + 6 + 4

e) 25 + 13 + 5 + 7
    8 + 24 + 2 + 6
    27 + 4 + 16 + 3
    71 + 18 + 2 + 9

② Finde alle Aufgaben.

die Tauschaufgabe
die Umkehraufgabe
die Aufgabenfamile

a) 66 / 14, 52
   66 + 14 = ☐
   ☐ + ☐ = ☐
   ☐ − ☐ = ☐
   ☐ − ☐ = ☐

b) 68 / 72, 4
   ☐ + ☐ = ☐
   ☐ + ☐ = ☐
   ☐ − ☐ = ☐
   ☐ − ☐ = ☐

S. 60 Nr. 2
a) 66 / 14, 52
   66 + 14 =

c) 79 / 2, 81

d) 39 / 43, 82

e) 55 / 27, 28

f) 58 / 72, ☐

g) ☐ / 56, 27

h) 38 / ☐, 44

i) 76 / 17, ☐

j) ☐ / 67, 25

k) 91 / 45, ☐

l) Finde eigene Aufgabenfamilien.

Didaktische Information
2 Ggf. gemeinsam thematisieren, wie Aufgaben gefunden werden können (Tauschaufgabe, Umkehraufgabe); D Eigene Aufgabenfamilien in ein Lerntagebuch schreiben

Sprechen
*14 plus 66 ist die Tauschaufgabe zu 66 plus 14.
14 plus 52 gleich 66 ist die Umkehraufgabe zu 66 minus 52 gleich 14.* ❗ *Bei Plusaufgaben darfst du tauschen, bei Minusaufgaben nicht.*

▶ AH 42/43
▶ D 51–54
▶ KV 52

Entdeckerpäckchen beschreiben

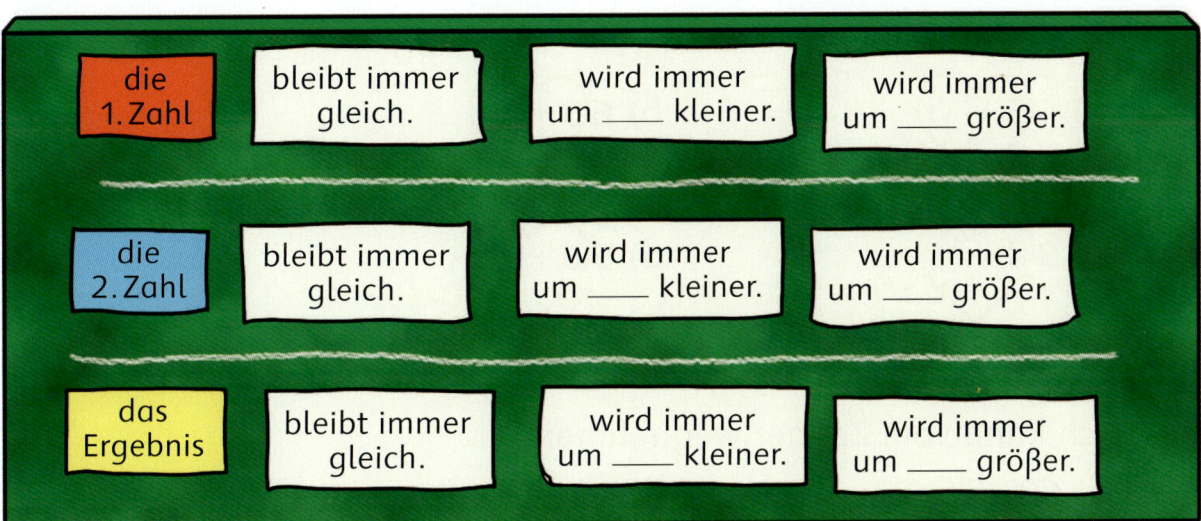

die 1. Zahl — bleibt immer gleich. / wird immer um ___ kleiner. / wird immer um ___ größer.

die 2. Zahl — bleibt immer gleich. / wird immer um ___ kleiner. / wird immer um ___ größer.

das Ergebnis — bleibt immer gleich. / wird immer um ___ kleiner. / wird immer um ___ größer.

① Beschreibe das Entdeckerpäckchen.

a) 25 − 20 = 5
   26 − 21 = 5
   27 − 22 = 5
   ☐ ○ ☐ = ☐

S. 61 Nr. 1
a) Die 1. Zahl wird immer um 1 größer.
Die 2. Zahl wird immer um 1 größer.
Das Ergebnis
2 5 − 2 0 = 5

b) 38 + 30 = 68
   37 + 31 = 68
   36 + 32 = 68
   ☐ ○ ☐ = ☐

c) 53 − 17 = 36
   52 − 17 = 35
   51 − 17 = 34
   ☐ ○ ☐ = ☐

d) 20 + 20 = 40
   22 + 22 = 44
   24 + 24 = 48
   ☐ ○ ☐ = ☐

②  Lies die Beschreibung.
Schreibe das Entdeckerpäckchen weiter.

a) Die erste Zahl bleibt immer gleich.
Die zweite Zahl wird immer um 2 größer.
Das Ergebnis _____ .

47 + 18 = 65
☐ ○ ☐ = ☐
☐ ○ ☐ = ☐
☐ ○ ☐ = ☐

b) Die erste Zahl wird immer um 2 größer.
Die zweite Zahl wird immer um 1 größer.
Das Ergebnis _____ .

99 − 1 = 98
☐ ○ ☐ = ☐
☐ ○ ☐ = ☐
☐ ○ ☐ = ☐

▶ D 29/30
▶ D 49/50
▶ KV 50/51

Sprechen
Die 1./2. Zahl / das Ergebnis wird immer um … größer / kleiner. Die 1./2. Zahl / das Ergebnis bleibt immer gleich.

Didaktische Information
2 Nach gleichem Muster können die Kinder selbst Entdeckerpäckchen-Beschreibungen entwerfen und als „Rätsel" präsentieren

Das kann ich schon

① Ich kann zum großen Nachbarzehner ergänzen.

a) 45 + ☐   b) 63 + ☐

c) 38 + ☐   d) 96 + ☐

S. 50

② Ich kann vom Zehner wegnehmen.

a) 60 – 5   b) 40 – 4

c) 70 – 9   d) 50 – 2

S. 53

③ Ich kann über den Zehner rechnen.

a) 37 + 4   b) 64 + 8   c) 36 + 27   d) 68 + 23

e) 52 – 5   f) 25 – 6   g) 84 – 38   h) 43 – 19

S. 51 bis S. 59

④ Ich kann meinen Rechenweg aufschreiben.

a) 26 + 8   b) 65 + 17

c) 74 – 9   d) 42 – 37

S. 51, 54, 56, 58

⑤ Ich kann Entdeckerpäckchen beschreiben.

a) 30 + 15 = 45
   31 + 14 = 45
   32 + 13 = 45
   ☐ ○ ☐ = ☐

b) 44 + 44 = 88
   46 + 43 = 89
   48 + 42 = 90
   ☐ ○ ☐ = ☐

S. 61

die 1. Zahl | die 2. Zahl | das Ergebnis

wird immer um ___ größer. | bleibt immer gleich. | wird immer um ___ kleiner.

62 Didaktische Information
Aufgaben zur Selbstüberprüfung und Selbsteinschätzung

Forscherseite

1 Schreibe passende Sätze.

1	2	3	4	5
6	7	8	9	10
11	12	13	14	15
16	17	18	19	20
21	22	23	24	25

Wenn ich einen Schritt nach rechts gehe, →

Wenn ich einen Schritt nach links gehe, ←

Wenn ich einen Schritt nach unten gehe, ↓

Wenn ich einen Schritt nach oben gehe, ↑

Wenn ich einen Schritt schräg nach rechts unten gehe, ↘

Wenn ich einen Schritt schräg nach rechts oben gehe, ↗

dann wird die Zahl um 6 größer.   dann wird die Zahl um 5 größer.

dann wird die Zahl um 1 größer.   dann wird die Zahl um 1 kleiner.

dann wird die Zahl um 4 kleiner.   dann wird die Zahl um 5 kleiner.

2 Zeichne eine 25er-Tafel.
Finde Plusaufgaben mit dem Ergebnis 26.
Verbinde die erste Zahl und die zweite Zahl.

Wie viele Plusaufgaben findest du?

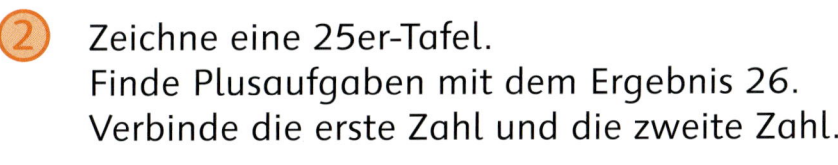

3 a) Rechne in jeder Spalte alle Zahlen zusammen. Was entdeckst du?

b) Rechne in jeder Zeile alle Zahlen zusammen. Was entdeckst du?

1 +	2	3	4	5
6 +	7	8	9	10
11 +	12	13	14	15
16 +	17	18	19	20
21	22	23	24	25

= 55

Fünflinge legen

① a) Lege verschiedene Fünflinge.

b) Male deine Fünflinge auf Papier.

c) Schneide deine Fünflinge aus.

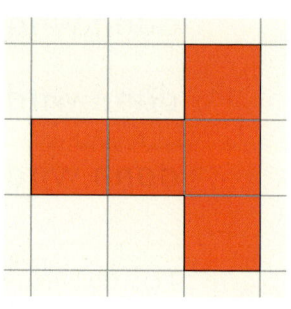

② a) Vergleiche deine Fünflinge mit einem Partner.

b) Ordnet eure Fünflinge auf einem Plakat.
Legt jeden Fünfling immer nur einmal auf das Plakat.

c) Vergleicht euer Plakat mit den Plakaten von anderen Kindern.

③ Findet für die Fünflinge Namen.
Schreibt die Namen auf das Plakat.

④ Finde für die Buchstaben einen passenden Fünfling.

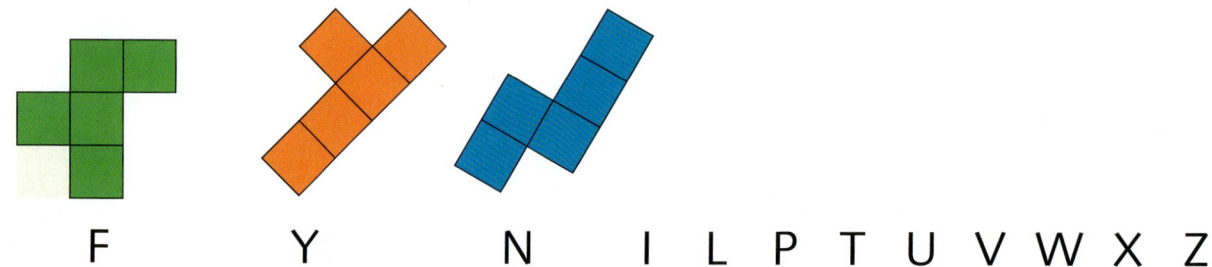

F Y N I L P T U V W X Z

Fünflinge spiegeln

"Ich lege einen Fünfling."

"Ich lege das Spiegelbild."

"Ich kontrolliere mit einem Spiegel."

① Lege einen Fünfling.
 Dein Partner legt das Spiegelbild dazu.
Kontrolliere mit einem Spiegel.

das Spiegelbild
die Spiegelachse

② Zeichne den Fünfling.
Zeichne die Spiegelachse ein.
Zeichne das Spiegelbild dazu.

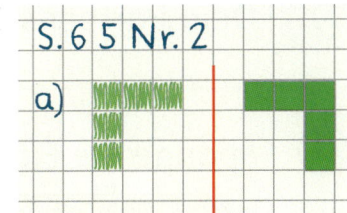

a) 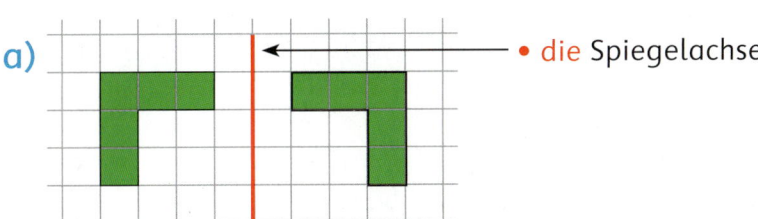 — die Spiegelachse

b)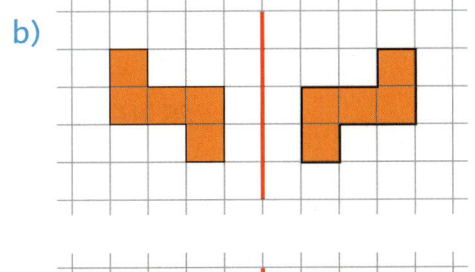

c)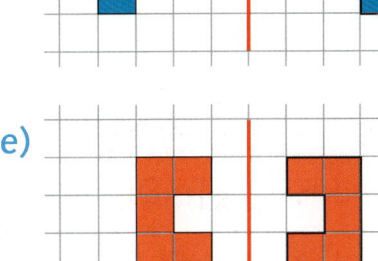

d)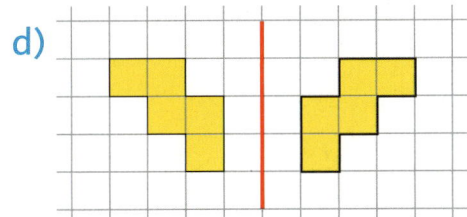

e)

 f) Zeichne andere Fünflinge.
Zeichne die Spiegelachse und das Spiegelbild dazu.

▶ AH 45
▶ D 55/56
▶ KV 53–56

Sprechen
Ich lege das Spiegelbild. Der Fünfling ist das Spiegelbild.
gespiegelt / Ich spiegele.

Didaktische Information
Wiederholung Spiegeln und Spiegelachse;
D Durch Material und Spiegel; erst legen, dann ins Heft zeichnen lassen

Spiegeln am Geobrett

 Spanne eine Figur auf deinem Geobrett.
Dein Partner spannt das Spiegelbild.

 Spanne die Figur auf deinem Geobrett.

a) 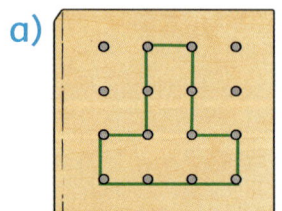   b) 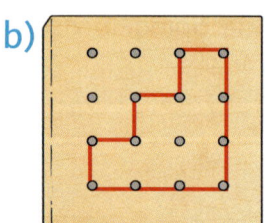   c) 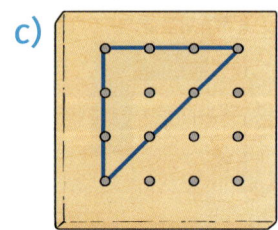   d)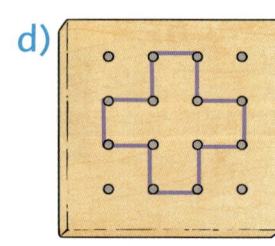

 a) Spanne ein Rechteck.

b) Spanne ein Dreieck.

c) Spanne das kleinste Dreieck.

d) Spanne das größte Dreieck.

e) Spanne das kleinste Quadrat.

f) Spanne das größte Quadrat.

g) Vergleiche deine Formen mit einem Partner.

S. 66 Nr. 3

a)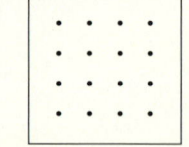

Didaktische Information
Nach freiem Spannen die Figuren nachspannen lassen; Vorgehensweise beim Spannen thematisieren; Unterrichtsgespräch zu 3, Kinder begründen ihre Lösung

 Sprechen
das kleinste/größte Dreieck, Quadrat ...;
es ist größer/kleiner

► AH 46
► D 57/58

4 Spanne das Spiegelbild auf deinem Geobrett.
Zeichne.

a) 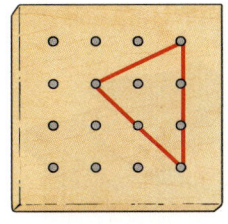 b)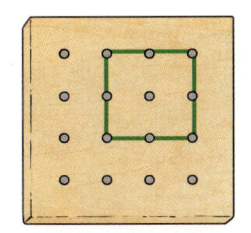

 S. 67 Nr. 4
a)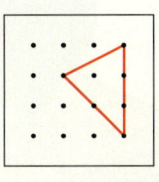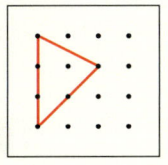

c) 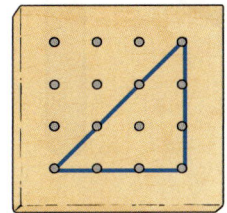 d) 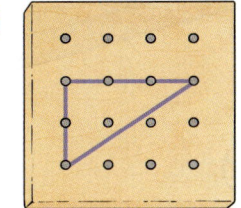 e)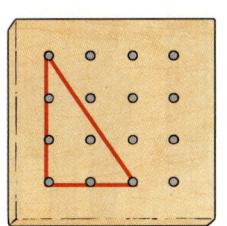

f) 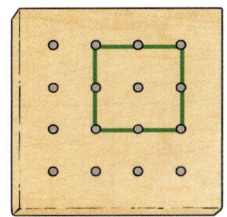 g) 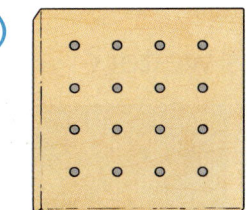 h)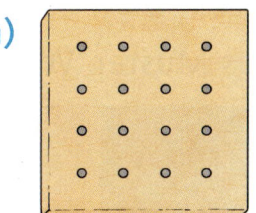

5 1.  2.  3.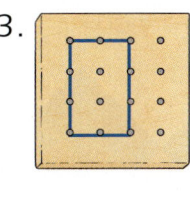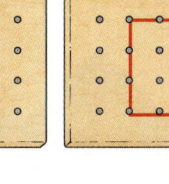

Ich spanne eine Figur.

Ich spanne das Spiegelbild dazu.

Dann spanne ich noch einmal das Spiegelbild.

a) 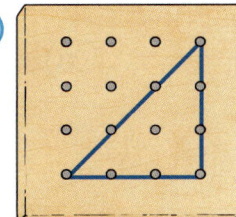 b) 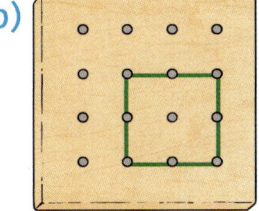 c) 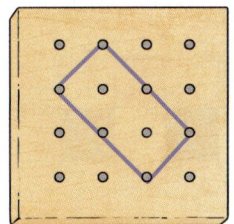 d)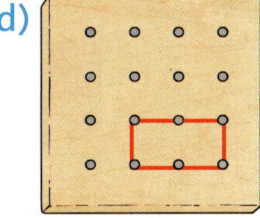

e) Was entdeckst du?

▶ AH 47
▶ D 59/60
▶ KV 58

💬 **Sprechen**
Ich spanne das Spiegelbild.

Didaktische Information
Partnerarbeit/Gruppenarbeit mit zwei/drei Geobrettern;
5 Als Gesprächsanlass nutzen

Muster

① Lege das Muster. Wie geht es weiter?

a)
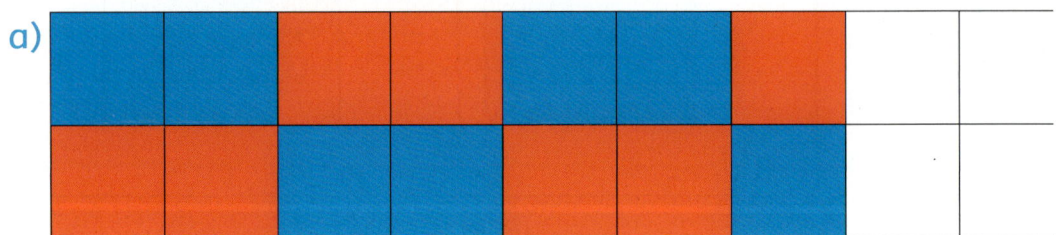

b)

② a) Wie geht es weiter?

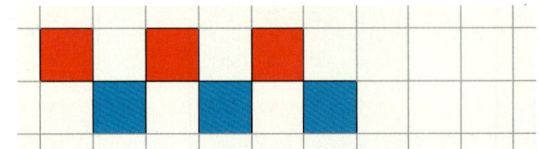

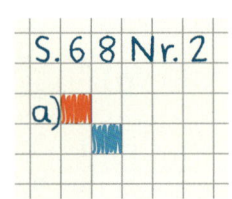

b) Lege ein eigenes Muster mit Quadraten. Zeichne das Muster.

Didaktische Information
Geometrische Muster nachlegen, Legeregel erkennen und fortsetzen; quadratisches Papier rot/blau – Falten thematisieren; Muster in der Umwelt suchen (Fotos) und damit ein Plakat gestalten

Sprechen
Zuerst ..., dann ...
Im Wechsel / abwechselnd kommt erst rot, dann blau ...

►AH 48
►D 61/62
►KV 59/60

3 a) Wie geht es weiter?

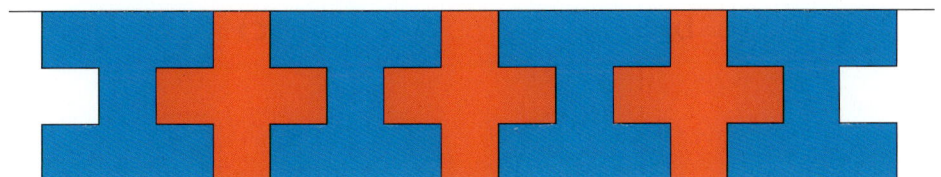 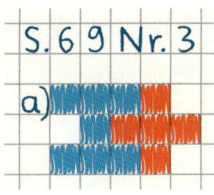

b) Zeichne verschiedene Muster.

4 Beschreibe das Muster. Schreibe die richtigen Sätze auf.

a)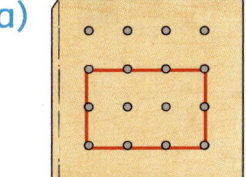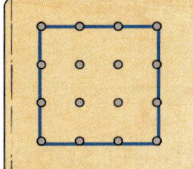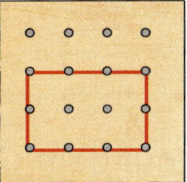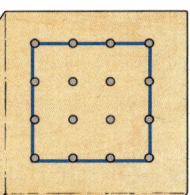

Rechts von einem Rechteck ist immer ein Quadrat.

Links von einem Rechteck ist immer ein Rechteck.

Zwischen zwei Rechtecken ist immer ein Quadrat.

b)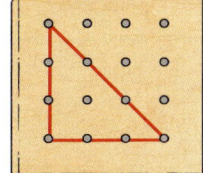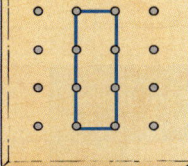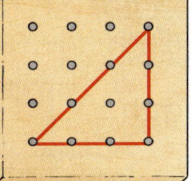
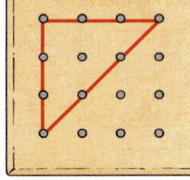 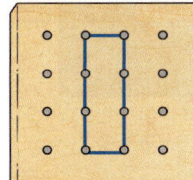 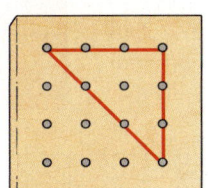

Das Muster hat eine Spiegelachse.

Das Muster hat zwei Spiegelachsen.

In der Mitte ist ein Rechteck.

c)

Rechts von einem großen roten Dreieck sind 4 blaue Dreiecke.

Immer ein rotes Dreieck, dann ein blauer Streifen.

Immer 4 kleine Dreiecke sind ein großes rotes Dreieck.

Das kann ich schon

① Ich kann verschiedene Fünflinge legen.

a) 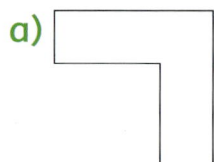   b) 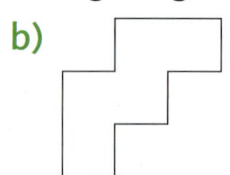   c)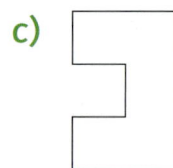

② Ich kann Fünflinge spiegeln.

a) 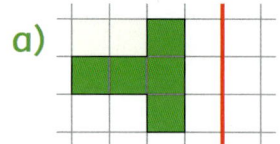   b) 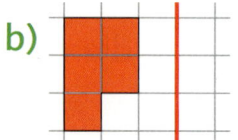   c)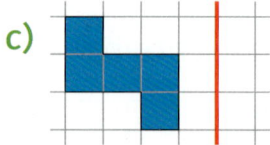

③ Ich kann das Spiegelbild auf dem Geobrett spannen.

a) 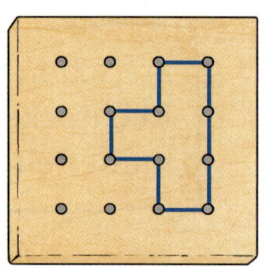   b) 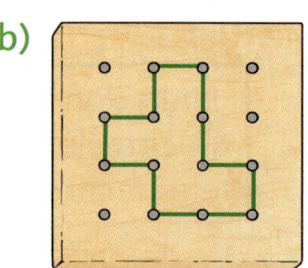   c)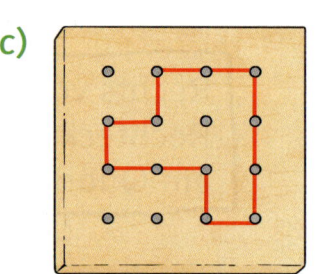

④ Ich kann Muster weiterlegen.

⑤ Ich kann Muster beschreiben.

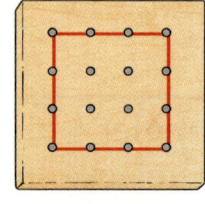 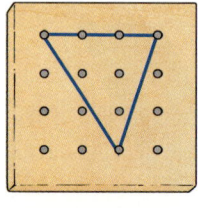 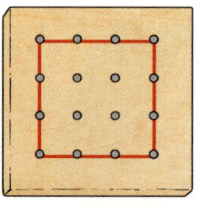
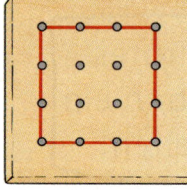 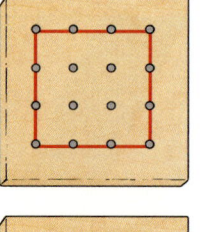 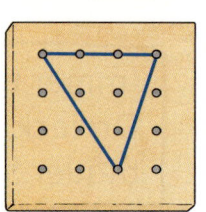

das Dreieck

oben rechts   links von

zwischen   rechts von

das Quadrat

Didaktische Information
Aufgaben zur Selbstüberprüfung und Selbsteinschätzung

Forscherseite

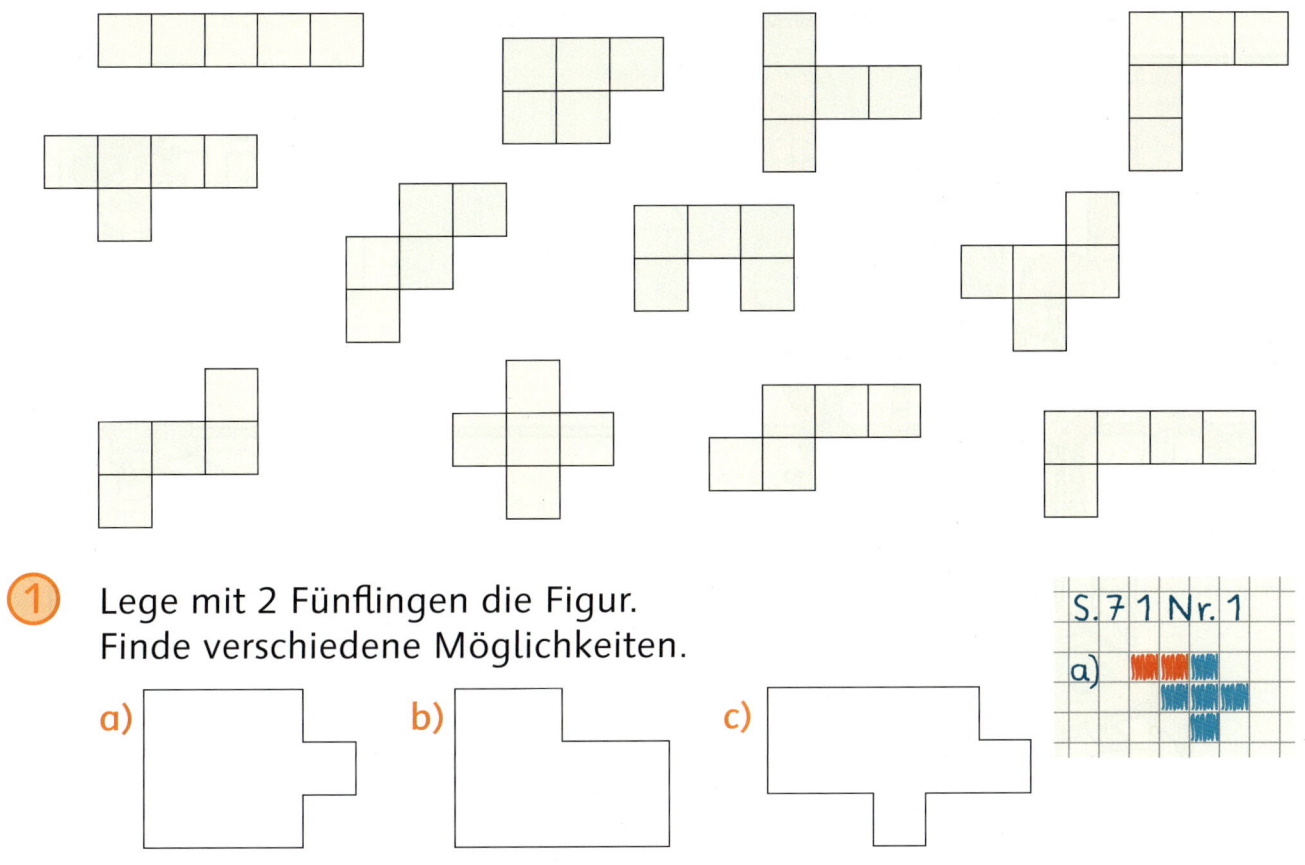

① Lege mit 2 Fünflingen die Figur.
Finde verschiedene Möglichkeiten.

a)  b) c)

② Lege mit allen 12 Fünflingen das Rechteck.

③ a) Lege mit zwei oder drei Fünflingen eine Figur.
b) Zeichne dann eine Rätselkarte.

Rätselkarte vorne: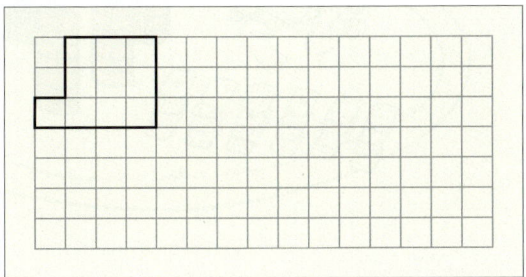

Rätselkarte hinten: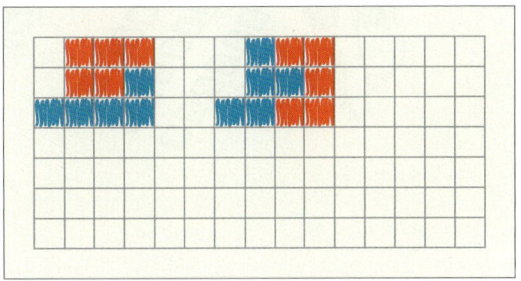

Didaktische Information
Anregungen zum Ausprobieren, Knobeln, Forschen und Entdecken mit Anforderungen, die über die der vorherigen Seiten hinausgehen

Malaufgaben in der Klasse

72 **Didaktische Information**
Multiplikative Strukturen erkennen; Malaufgaben in der Umwelt suchen und in ein Lerntagebuch schreiben, in einem Forscherheft oder einer Kartei sammeln

Sprechen
Ich sehe 3 mal 7 Legosteine.
Unterscheidung:
Wie oft …? Wie viele …? Wie viel Mal …?

① Schreibe die Malaufgabe.

a)  b)

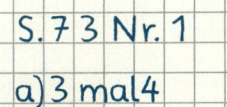

c)  d)  e)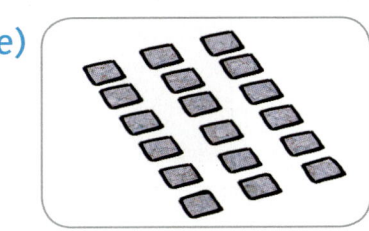

②  a)

b)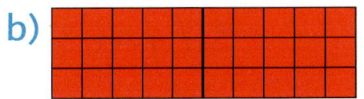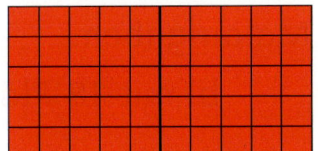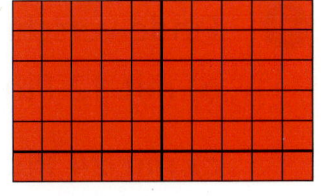

③  Finde und zeichne eigene Malaufgaben.
Schreibe immer die Malaufgabe dazu.

 **Sprechen**
❗ *mal* nicht in Verbindung mit *malen* bringen

Didaktische Information
Den mathematischen Begriff *mal* kennen lernen;
Unterscheidung von räumlich-simultan und zeitlich-sukzessiv

Malaufgaben legen und zeichnen

4 + 4 + 4 = 12
3 mal 4 = 12
3 · 4 = 12

① Schreibe die Plusaufgabe und die Malaufgabe.

a) 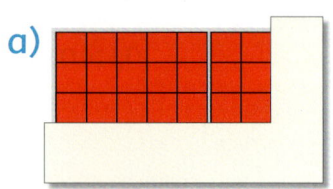 b)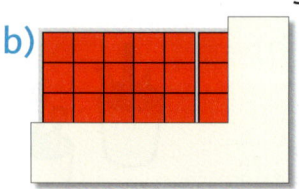

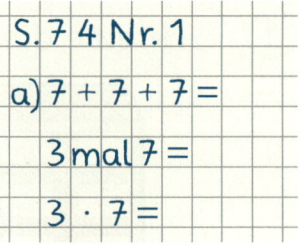

S. 74 Nr. 1
a) 7 + 7 + 7 =
3 mal 7 =
3 · 7 =

c) 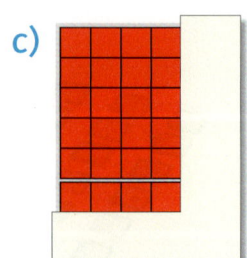 d) 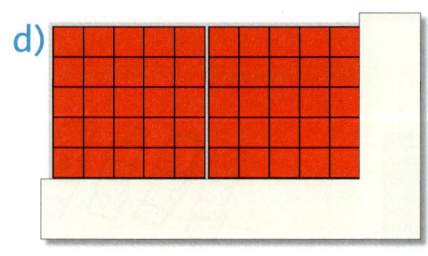 e)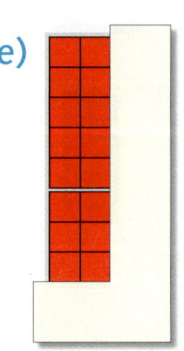

② Zeige die Malaufgabe am Hunderterfeld.

a) 4 · 3   b) 5 · 7   c) 5 · 2   d) 3 · 5   e) 7 · 4

③ Finde verschiedene Malaufgaben.

a) mit 12 Plättchen,   b) mit 18 Plättchen,

c) mit 24 Plättchen,   d) mit 36 Plättchen.

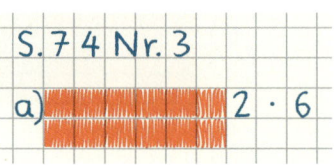

S. 74 Nr. 3
a) ▬▬▬▬ 2 · 6

④ Zeige eigene Malaufgaben am Hunderterfeld.
Schreibe die Malaufgaben auf.

Didaktische Information
Malaufgaben als eine Darstellung für eine mehrmals
nacheinander vollzogene Addition verstehen;
Malpunkt als Symbol kennenlernen;
Malaufgaben am Hunderterfeld zeigen

Sprechen
*Wie viel mal siehst du die Plättchen/Kästchen?
Ich sehe 3 Reihen/Zeilen. In jeder Reihe/Zeile sind
7 Plättchen/Kästchen. Ich sehe 3 · 7 Plättchen/Kästchen.*

► AH 50/51
► D 63
► KV 61

⑤ Schreibe die Plusaufgabe und die Malaufgabe.

a) 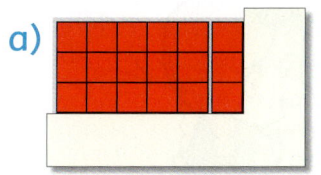 b)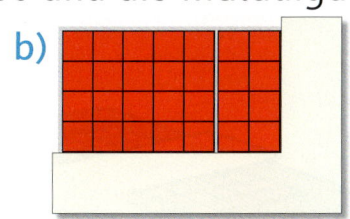

S.75 Nr.5
a) 6 + 6 + 6 =
    3 · 6 =

c) 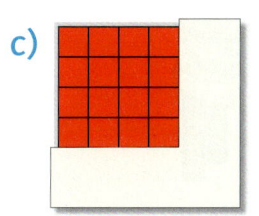 d) 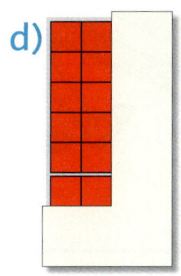 e) 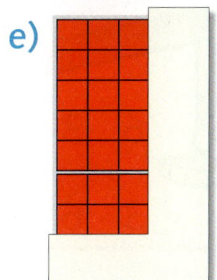 f)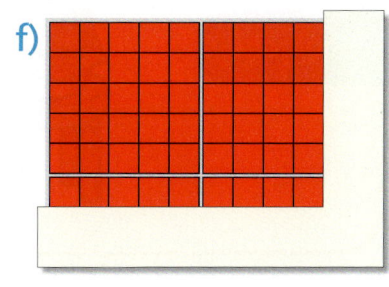

⑥ Zeichne die Malaufgabe. Schreibe die Plusaufgabe.

a) 2 · 2   b) 3 · 4   c) 5 · 7
d) 6 · 2   e) 2 · 8   f) 1 · 9
g) 8 · 3   h) 9 · 2   i) 5 · 2

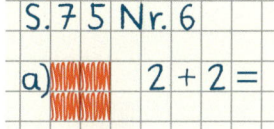

S.75 Nr.6
a) ▨▨ 2 + 2 =

⑦ Finde die Plusaufgabe und die Malaufgabe.

a) 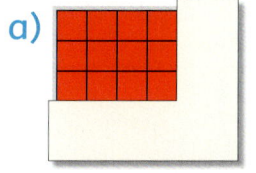 b)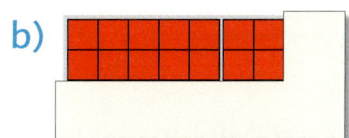

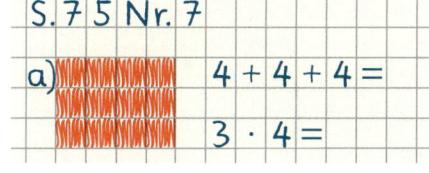

S.75 Nr.7
a) ▨▨ 4 + 4 + 4 =
        3 · 4 =

c) 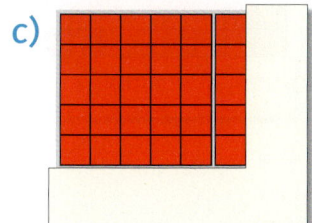 d)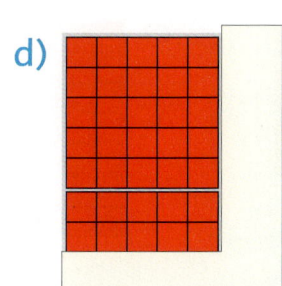

5 + 5 + 5 + 5 + 5 + 5 + 5

6 + 6 + 6 + 6 + 6

7 + 7   4 + 4 + 4

3 · 4   2 · 7   5 · 6   7 · 5

3 · 2

▶ AH 52
▶ D 64

Sprechen
Lege die Aufgabe 3 · 2.
Ich lege 3 Reihen. In jeder Reihe sind 2 Plättchen.
Argumentation: 2 + 2 + 2

Didaktische Information
Kinder erfassen multiplikative Anordnungen von Mengen und ordnen Plus- und Minusaufgaben zu

Tauschaufgaben

① Schreibe die Aufgabe und die Tauschaufgabe.

a) 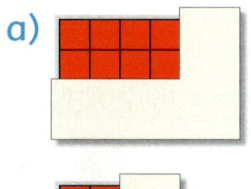 b) 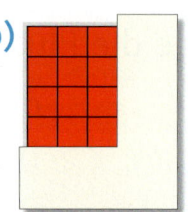 c)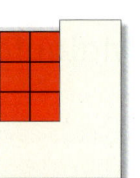

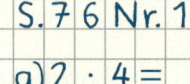

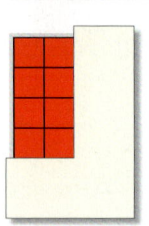 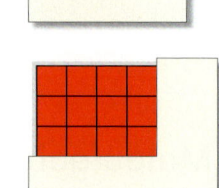 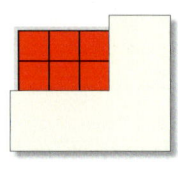

② Schreibe die Aufgabe und finde die Tauschaufgabe.

a) 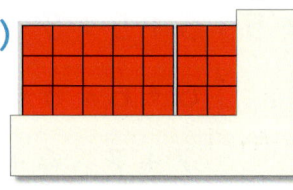 b) 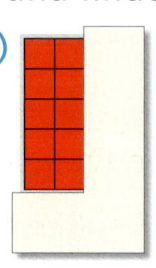 c) 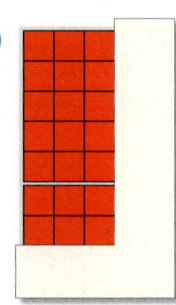 d)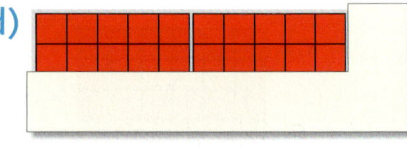

③ Finde die Tauschaufgabe.

a) 2 · 5 b) 6 · 3 c) 7 · 4 d) 9 · 5 e) 5 · 5
   ☐ · ☐   ☐ · ☐   ☐ · ☐   ☐ · ☐   ☐ · ☐

f) 8 · 2 g) 3 · 3 h) ☐ · 4 i) 6 · ☐ j) 4 · ☐
   ☐ · ☐   ☐ · ☐   ☐ · 3   2 · ☐   ☐ · ☐

76

Quadratzahlen

①   a) 1 · 1 = ☐   b) 2 · 2 = ☐   c) 3 · 3 = ☐

die Quadratzahl
die Quadrataufgabe

d) Wie geht es weiter?

② Finde zu der Quadratzahl die Quadrataufgabe.
    a) 9   b) 16   c) 49   d) 64   e) 4
    f) 1   g) 81   h) 25   i) 36   j) 100

S. 77 Nr. 2
a) 9 = 3 · 3

③ Finde die Quadratzahl. Schreibe die Quadrataufgabe.
    a) Die Quadratzahl liegt zwischen 15 und 20.
    b) Die Quadratzahl liegt zwischen 20 und 30.
    c) Die Quadratzahl liegt zwischen 60 und 70.
    d) Die Quadratzahl liegt zwischen 30 und 40.
    e) Die Quadratzahl liegt zwischen 80 und 90.

④ Finde immer die Tauschaufgabe zu den Quadrataufgaben. Was entdeckst du?

▶AH 53

Sprechen
Ich sehe 3 · 3 Plättchen. Die Quadrataufgabe heißt 3 · 3.
Die Quadratzahl heißt 9.

Didaktische Information
Quadrataufgaben und Quadratzahlen kennen lernen;
Wiederholung Kennzeichen eines Quadrates

Einer-Reihe und Zehner-Reihe

① Schreibe die Malaufgabe.

a) 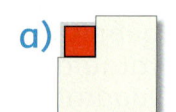   b)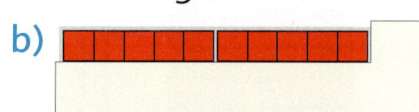

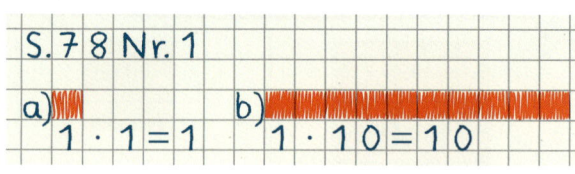

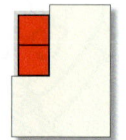 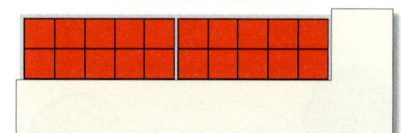

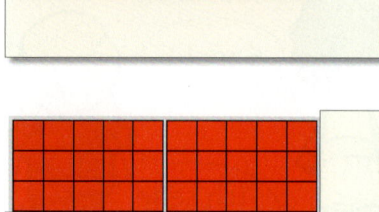

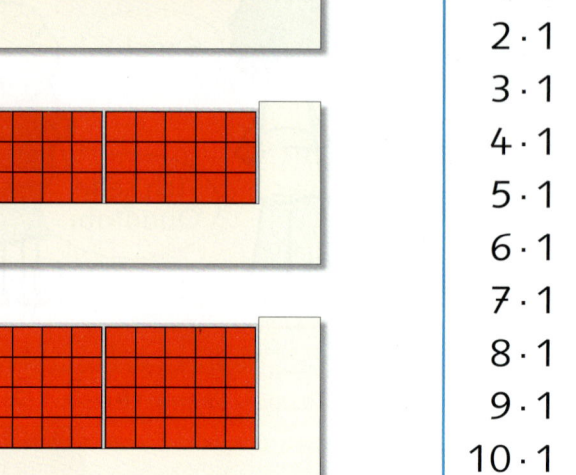

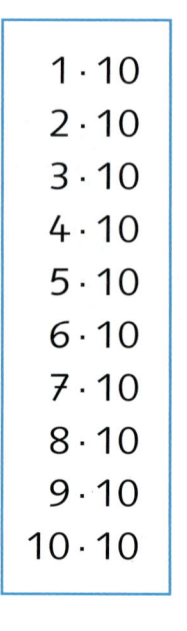

1 · 1	1 · 10
2 · 1	2 · 10
3 · 1	3 · 10
4 · 1	4 · 10
5 · 1	5 · 10
6 · 1	6 · 10
7 · 1	7 · 10
8 · 1	8 · 10
9 · 1	9 · 10
10 · 1	10 · 10

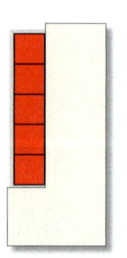 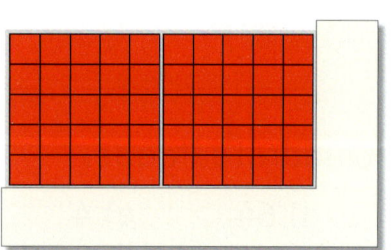

c) Rechne weiter. Wie viele Aufgaben findest du?

d) Vergleiche die Einer-Reihe mit der Zehner-Reihe. Was entdeckst du?

② Rechne die Malaufgabe.

a) 8 · 1
8 · 10

b) 5 · 1
5 · 10

c) 3 · 1
3 · 10

d) 2 · 1
2 · 10

e) 4 · 1
4 · 10

f) 9 · 1
9 · 10

g) 7 · 1
7 · 10

h) 1 · 1
1 · 10

i) 6 · 1
6 · 10

j) 10 · 1
10 · 10

③ a) ☐ · 1 = 1
☐ · 10 = 10

b) ☐ · 1 = 2
☐ · 10 = 20

c) ☐ · 1 = 5
☐ · 10 = 50

d) ☐ · 1 = 10
☐ · 10 = 100

Didaktische Information
Erarbeitung der ersten 1·1 Reihen;
Das kleine 1·1 wird immer von 0 bis 10 aufgeschrieben;
Auf 0 wird hier aber verzichtet, um eine Verwechslung
mit der 0 in der Zahl 10 zu vermeiden

Sprechen
In der Einer-/Zehner-Reihe ist die zweite Zahl immer
gleich. In der Einer-/Zehner-Reihe wird die erste Zahl
immer um 1 größer. Das Ergebnis in der Zehner-Reihe
ist eine Zehnerzahl.

▶ AH 54

Fünfer-Reihe

  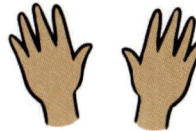 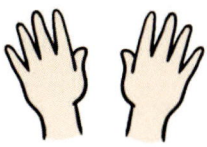 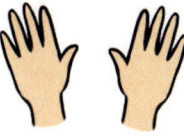 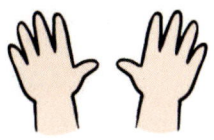

Milan   Emira   Momo   Natalia   Mia

1 Welche Malaufgabe passt?

| 10 · 5 | 4 · 5 | 8 · 5 | 6 · 5 |

a) Wie viele Finger haben alle Kinder zusammen?

b) Wie viele Finger haben Milan und Natalia zusammen?

c) Wie viele Finger haben Milan, Natalia und Momo zusammen?

d) Wie viele Finger haben Milan, Natalia und Emira zusammen?

e) Wie viele Finger haben Milan, Natalia, Momo und Emira zusammen?

f) Wie viele Finger haben Milan, Natalia, Momo, Emira und Mia zusammen?

---

2 Rechne die Fünfer-Reihe.

1 · 5   6 · ☐
2 · 5   7 · ☐
3 · ☐   8 · ☐
4 · ☐   9 · ☐
5 · ☐   10 · ☐

```
5
5 + 5
5 + 5 + 5
5 + 5 + 5 + 5
```

S. 79 Nr. 2
1 · 5 =
2 · 5 =

3
a) 2 · 5
   3 · 5
   4 · 5
   5 · 5
   ☐ · ☐

b) 10 · 5
   9 · 5
   8 · 5
   7 · 5
   ☐ · ☐

c) 1 · 5
   2 · 5
   3 · 5
   ☐ · ☐
   ☐ · ☐

d) 2 · 5
   4 · 5
   6 · 5
   ☐ · 5
   ☐ · 5

---

4 Erkläre.
2 · 5 = ☐
1 · 5 = ☐
☐ · 5 = ☐

▶ AH 54

Sprechen
Alle Kinder haben zusammen 50 Finger.
Milan und Natalia haben zusammen 20 Finger.
Wenn ich mit 0 malnehme, ist das Ergebnis immer 0.

Didaktische Information
Erarbeitung der Fünfer-Reihe;
Erarbeitung der Zahl 0 in der Multiplikation

Fünfer-Reihe und Zehner-Reihe

| die 1. Zahl | die Hälfte von | das Ergebnis | ist gleich groß. | die 2. Zahl |

sind gleich groß.   das Doppelte von

1 Rechne die Malaufgabe.

a) 2 · 5
   2 · 10

b) 4 · 5
   4 · 10

c) 3 · 5
   3 · 10

d) 6 · 5
   6 · 10

e) 7 · 5
   7 · 10

f) 8 · 5
   8 · 10

g) Was entdeckst du?   h) Finde weitere Aufgaben.

2 Rechne die Malaufgabe.

a) 1 · 10
   2 · 5

b) 3 · 10
   6 · 5

c) 2 · 10
   4 · 5

d) 4 · 10
   8 · 5

e) 5 · 10
   10 · 5

f) Was entdeckst du?

3 Finde Aufgabe und Tauschaufgabe.

10 · 5	6 · 5	2 · 5	0 · 5	5 · 3
3 · 5	10 · 7	8 · 10	5 · 6	5 · 2
5 · 10	5 · 0	7 · 10	10 · 8

S. 80 Nr. 3
a) 10 · 5 =
   5 · 10 =

4  a) Ich denke mir eine Zahl.
Meine Zahl gehört zur Zehner-Reihe.
Meine Zahl ist zwischen 18 und 22.
Wie heißt meine Zahl?

b) Ich denke mir eine Zahl.
Meine Zahl gehört zur Fünfer-Reihe.
Sie ist zwischen 20 und 30.
Wie heißt meine Zahl?

c) Ich denke mir eine Zahl.
Meine Zahl gehört zur Fünfer-Reihe.
Sie ist zwischen 41 und 47.
Wie heißt sie?

Didaktische Information
Erkennen und Beschreiben der Zusammenhänge der Fünfer- und Zehner-Reihe;
❗ Aufgabenstellung *Finde weitere Aufgaben* findet sich hier zum ersten Mal; ❗ Tauschaufgabe mit 0

 **Sprechen**
Die erste/zweite Zahl/Das Ergebnis bleibt immer gleich/verdoppelt sich. Das Doppelte/Die Hälfte
❗ 4 sprachliche Progression, da zunächst auf Pronomen verzichtet wird; Bezug herstellen (*die Zahl → sie*)

Zweier-Reihe

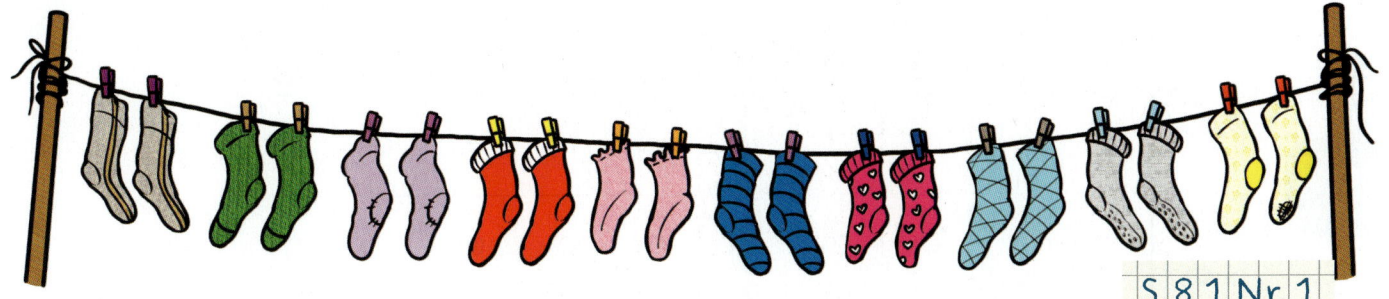

① Schreibe und rechne die Malaufgabe.

a) 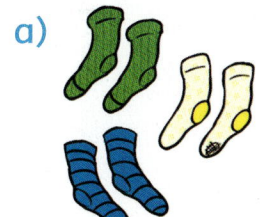   b) 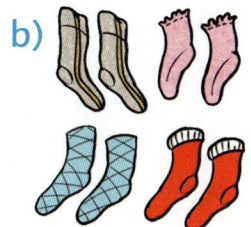   c)    d)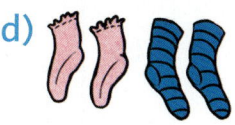

S. 81 Nr. 1
a) 3 · 2 =

② Rechne die Zweier-Reihe.
Male alle geraden Ergebniszahlen ▇.

0 · 2
1 · 2   6 · ☐
2 · ☐   7 · ☐
3 · ☐   8 · ☐
4 · ☐   9 · ☐
5 · ☐   10 · ☐

S. 81 Nr. 2
a) 0 · 2 = 0
   1 · 2 = 2

③ Wie geht es weiter?

a) 0, 2, 4, 6, 8, ☐, ☐, ☐, ☐, ☐, ☐

b) 20, 18, 16, 14, ☐, ☐, ☐, ☐, ☐, ☐, ☐

Sprechen
Die Aufgabe heißt ...
Das Ergebnis der Aufgabe ... ist ...
Exkurs: *Zu einem (Socken)Paar gehören immer 2.*

Didaktische Information
Erarbeitung der Zweier-Reihe;
Partnerkurs mit Aufgabenkarten (KV) durchführen
❗ Multiplikation mit der „0" thematisieren

81

Einmaleinstafel

die Merkaufgabe

·	①	②	3	4	⑤	6	7	8	9	⑩
①	1·1	1·2	1·3	1·4	1·5	1·6	1·7	1·8	1·9	1·10
②	2·1	2·2	2·3	2·4	2·5	2·6	2·7	2·8	2·9	2·10
3	3·1	3·2	3·3	3·4	3·5	3·6	3·7	3·8	3·9	3·10
4	4·1	4·2	4·3	4·4	4·5	4·6	4·7	4·8	4·9	4·10
⑤	5·1	5·2	5·3	5·4	5·5	5·6	5·7	5·8	5·9	5·10
6	6·1	6·2	6·3	6·4	6·5	6·6	6·7	6·8	6·9	6·10
7	7·1	7·2	7·3	7·4	7·5	7·6	7·7	7·8	7·9	7·10
8	8·1	8·2	8·3	8·4	8·5	8·6	8·7	8·8	8·9	8·10
9	9·1	9·2	9·3	9·4	9·5	9·6	9·7	9·8	9·9	9·10
⑩	10·1	10·2	10·3	10·4	10·5	10·6	10·7	10·8	10·9	10·10

Die Einer-Reihe, die Zweier-Reihe, die Fünfer-Reihe, die Zehner-Reihe und die Quadrataufgaben sind Merkaufgaben. ☉ Sie helfen dir, die anderen Reihen zu rechnen.

Didaktische Information
Zurechtfinden auf der Einmaleinstafel; neben den gelernten Merkaufgaben gibt es nur wenige 1·1-Aufgaben, die die Kinder noch nicht kennen; Ein Lernplakat mit der Einmaleinstafel für die Klasse erstellen

Sprechen
Reihe, Spalte, schräg, diagonal, von oben, nach unten, von links nach rechts

▶ D 67/68
▶ KV 64

Merkaufgaben

① Rechne die Malaufgabe.

a)	b)	c)	d)	e)	f)
1·3	1·4	1·6	1·7	1·8	1·9
2·3	2·4	2·6	2·7	2·8	2·9
3·3	4·4	5·6	5·7	5·8	5·9
5·3	5·4	6·6	7·7	8·8	9·9
10·3	10·4	10·6	10·7	10·8	10·9

Mathekonferenz

- Umut: „Ich lege mit den Merkaufgaben."
- Emira: „Ich rechne mit den Merkaufgaben."
- Natalia: „Ich rechne mit den Merkaufgaben."
- Matteo: „Mir helfen die Quadrataufgaben."
- Momo: „Ich suche mir die Nachbaraufgaben."

die Merkaufgabe

② a) Wie rechnen die Kinder?

b) Welchen Rechenweg kannst du gut erklären?

③ Wie rechnest du?

a)	b)	c)	d)	e)	f)
6·3	4·3	7·4	3·8	3·6	8·6
4·6	4·7	6·4	8·4	4·8	9·6
3·7	9·7	6·8	3·9	4·9	7·9

►AH 55
►D 69–72
►KV 62/63

Sprechen
Ich zerlege die Malaufgabe in die Merkaufgaben.
Die Nachbaraufgabe von … heißt …
Ich rechne mit der Quadrataufgabe.

Didaktische Information
Finden von Strategien zum Lösen von 1·1-Aufgaben;
❗ Strategie des Verdoppelns wird hier noch nicht angesprochen; 3 Rechenwege sollten dokumentiert und auszugsweise auch präsentiert werden

Vierer-Reihe

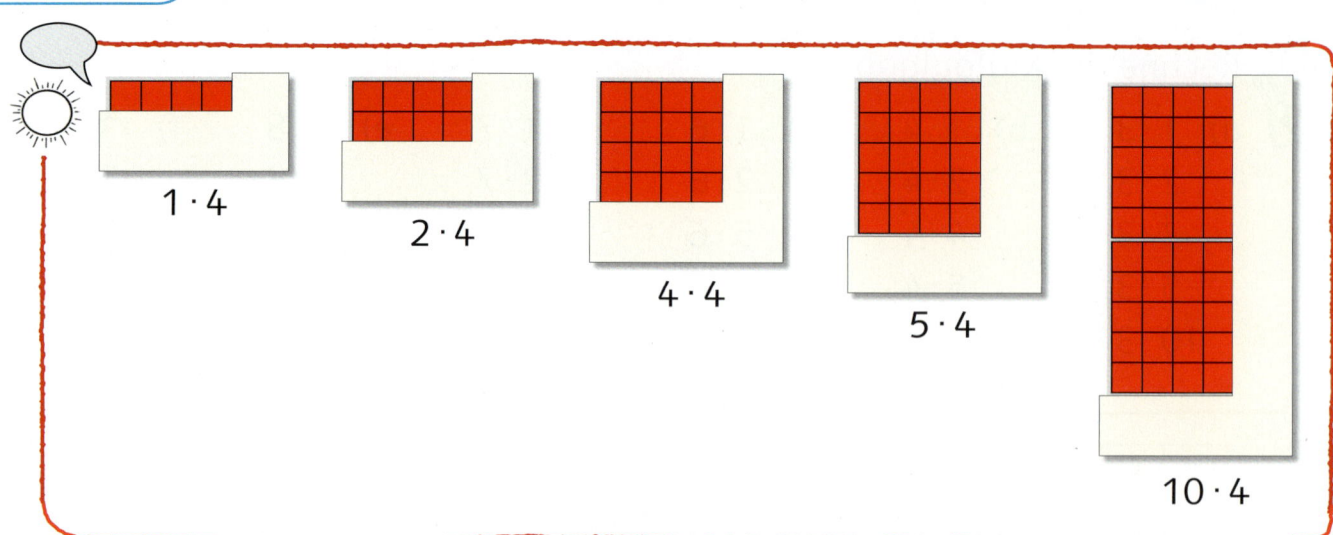

1 · 4   2 · 4   4 · 4   5 · 4   10 · 4

① Rechne mit den Merkaufgaben.

a) 3 · 4   b) 6 · 4   c) 7 · 4   d) 8 · 4   e) 9 · 4

S. 84 Nr. 1
a) 3 · 4 =
2 · 4 =
1 · 4 =

②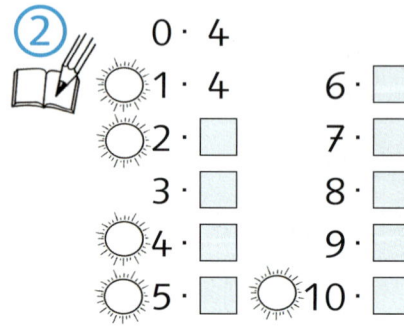

③ a) ☐ · 4 = 16   b) ☐ · 4 = 8
c) ☐ · 4 = 24   d) ☐ · 4 = 0
e) ☐ · 4 = 40   f) ☐ · 4 = 4
g) ☐ · 4 = 20   h) ☐ · 4 = 36
i) ☐ · 4 = 32   j) ☐ · 4 = 12

④ Finde zu jeder Aufgabe die Tauschaufgabe.

a) 1 · 4   b) 8 · 4   c) 2 · 4   d) 5 · 4
   ☐ · ☐   ☐ · ☐   ☐ · ☐   ☐ · ☐

S. 89 Nr. 4
a) 1 · 4 =
   4 · 1 =

e) 3 · 4   f) 9 · 4   g) 6 · 4   h) 7 · 4
   ☐ · ☐   ☐ · ☐   ☐ · ☐   ☐ · ☐

i) 10 · 4   j) 0 · 4   k) 4 · 4
   ☐ · ☐   ☐ · ☐   ☐ · ☐

Didaktische Information
Erarbeitung der Vierer-Reihe mit Hilfe der Merkaufgaben; mit Hilfe der Merkaufgaben können alle 1·1-Aufgaben gelöst werden; Vorschläge zur Zerlegung von Aufgaben in der Klasse sammeln

Sprechen
*Die Malaufgabe 3·4 setzt sich aus den Merkaufgaben 2·4 und 1·4 zusammen.
Ich kann 3·4 in 2·4 und 1·4 zerlegen.*

▶ D 73–76
▶ KV 65–72

Achter-Reihe

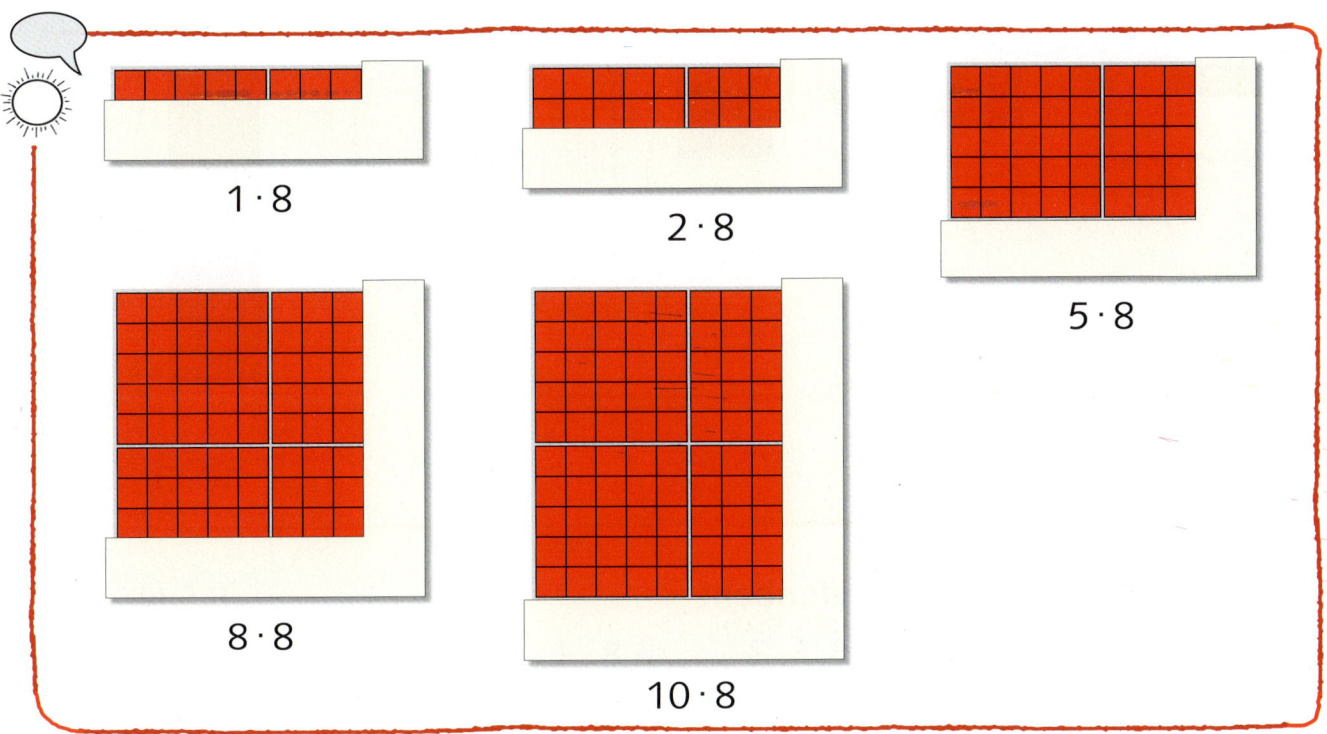

1 · 8   2 · 8   5 · 8
8 · 8   10 · 8

① Rechne mit den Merkaufgaben.

a) 3 · 8   b) 4 · 8   c) 6 · 8   d) 7 · 8   e) 9 · 8

S. 85 Nr. 1
a) 3 · 8 =
   2 · 8 =
   1 · 8 =

②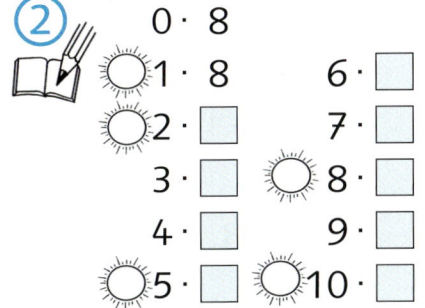

③ Rechne die Malaufgaben.

a) 1 · 8   b) 2 · 8   c) 3 · 8
   2 · 8   4 · 8   6 · 8

d) 4 · 8   e) 5 · 8
   8 · 8   10 · 8

f) Was entdeckst du?

die 1. Zahl   das Ergebnis   die 2. Zahl
das Doppelte   gleich

④ Rechne die Malaufgaben.

a) 1 · 2   b) 2 · 2   c) 3 · 2   d) 4 · 2
   1 · 4   2 · 4   3 · 4   4 · 4
   1 · 8   2 · 8   3 · 8   4 · 8

e) Was entdeckst du?

die 1. Zahl   die 2. Zahl   gleich
das Doppelte   das Ergebnis

f) Finde eigene Aufgaben.

▶ AH 56
▶ D 73–76
▶ KV 65–72

Sprechen
Die erste/zweite Zahl verdoppelt sich.
Das Ergebnis verdoppelt sich.

Didaktische Information
Erarbeitung der Achter-Reihe mit Hilfe der Merkaufgaben; Strategie des Verdoppelns wird hier erarbeitet

Dreier-Reihe

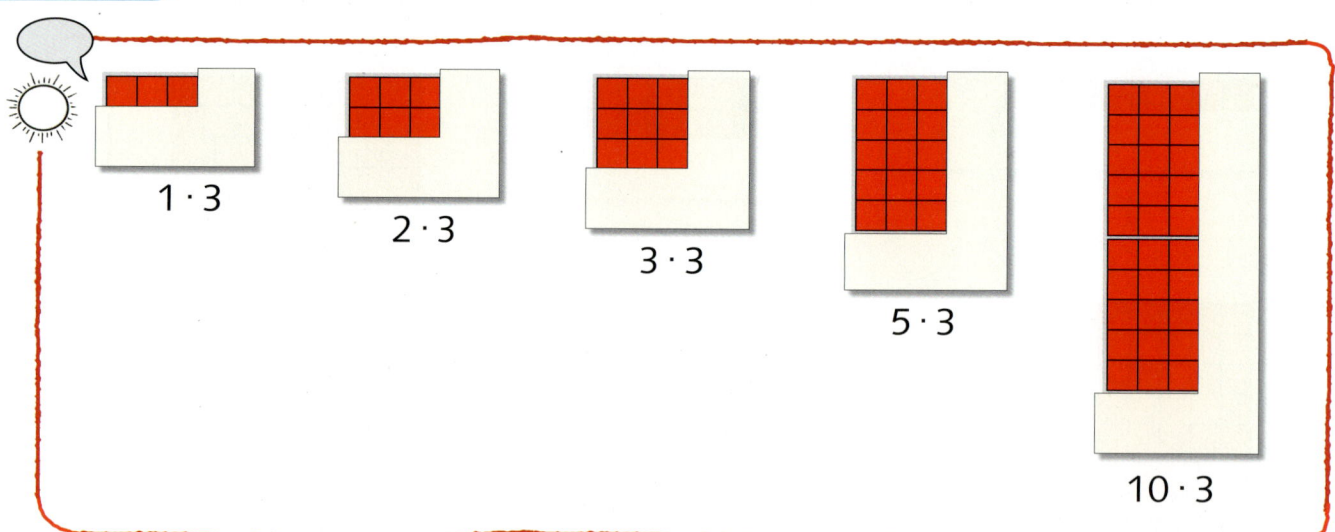

1 · 3   2 · 3   3 · 3   5 · 3   10 · 3

① Rechne mit den Merkaufgaben.

a) 4 · 3   b) 6 · 3   c) 7 · 3   d) 8 · 3   e) 9 · 3

S. 86 Nr. 1
a) 4 · 3 =
   2 · 3 =
   2 · 3 =

② 0 · 3
   1 · 3   6 · ☐
   2 · ☐   7 · ☐
   3 · ☐   8 · ☐
   4 · ☐   9 · ☐
   5 · ☐   10 · ☐

③ Finde zu jeder Aufgabe die Tauschaufgabe.

a) 2 · 3   b) 9 · 3   c) 3 · 3   d) 7 · 3
   ☐ · ☐   ☐ · ☐   ☐ · ☐   ☐ · ☐

e) 10 · 3   f) 1 · 3   g) 5 · 3   h) 6 · 3
   ☐ · ☐   ☐ · ☐   ☐ · ☐   ☐ · ☐

i) 8 · 3   j) 0 · 3   k) 4 · 3
   ☐ · ☐   ☐ · ☐   ☐ · ☐

④ a)  Ich denke mir eine Zahl. Meine Zahl gehört zur Dreier-Reihe und auch zur Vierer-Reihe.

b)  Ich denke mir eine Zahl. Sie gehört zur Dreier-Reihe und auch zur Fünfer-Reihe.

Didaktische Information
Erarbeitung der Dreier-Reihe mit Hilfe der Merkaufgaben; Bei den Zahlenrätseln gibt es mehrere Lösungsmöglichkeiten; D Eigene Zahlenrätsel auf Karteikarten schreiben

Sprechen
Die Malaufgabe 3 · 6 setzt sich aus den Merkaufgaben 2 · 6 und 1 · 6 zusammen.
Ich kann 3 · 6 in 2 · 6 und 1 · 6 zerlegen.

▶ D 73–76
▶ KV 65–72

Sechser-Reihe

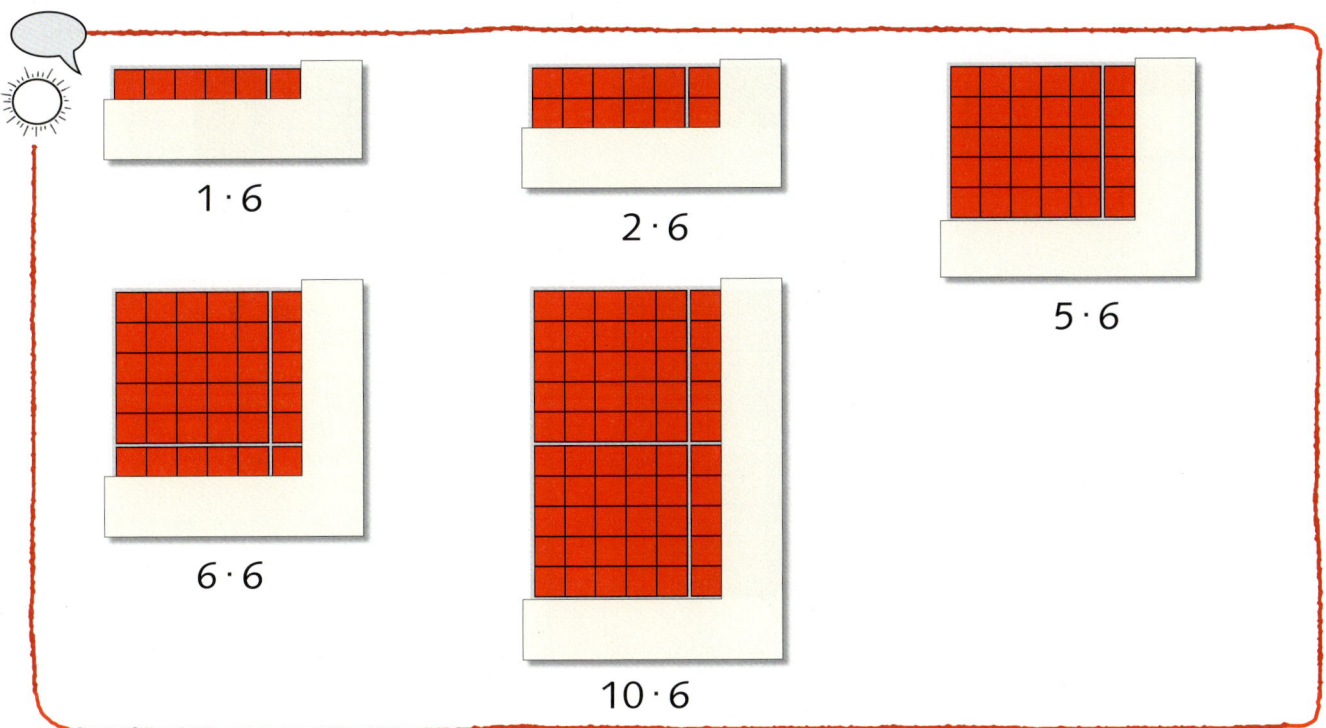

1 · 6   2 · 6   5 · 6   6 · 6   10 · 6

① Rechne mit den Merkaufgaben.

a) 3 · 6   b) 4 · 6   c) 7 · 6   d) 8 · 6   e) 9 · 6

S. 87 Nr. 1
a) 3 · 6 =
    2 · 6 =
    1 · 6 =

②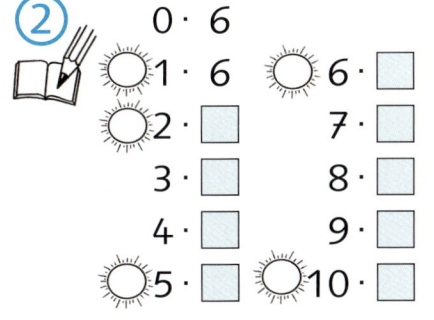
0 · 6
1 · 6   6 · ▢
2 · ▢   7 · ▢
3 · ▢   8 · ▢
4 · ▢   9 · ▢
5 · ▢   10 · ▢

③ Rechne die Malaufgaben.

a) 1 · 3   b) 2 · 3   c) 3 · 3
   1 · 6   2 · 6   3 · 6

d) Finde weitere Aufgaben. Was entdeckst du?

das Doppelte von | das Ergebnis | die 1. Zahl | die 2. Zahl | ist gleich groß

④ Immer zwei Aufgaben haben das gleiche Ergebnis.

a) Finde die Aufgaben und rechne.

2 · 3   1 · 6   8 · 3   7 · 3   5 · 6   2 · 6   4 · 3   10 · 3   3 · 6   4 · 4   6 · 3

b) Was entdeckst du?

c) Warum ist das Ergebnis gleich?

S. 87 Nr. 4
2 · 3 = 6
1 · 6 = 6
4 · 4

 Sprechen
Die erste Zahl halbiert sich / bleibt gleich. Die zweite Zahl verdoppelt sich. Das Ergebnis bleibt gleich / verdoppelt sich. / Wenn ich die erste Zahl halbiere und die zweite Zahl verdopple, dann bleibt das Ergebnis gleich.

▶ D 73–76
▶ KV 65–72

Didaktische Information
Erarbeitung der Sechser-Reihe mit Hilfe der Merkaufgaben; ❗ Warum ist das Ergebnis gleich? Begründung eines mathematischen Zusammenhanges

Siebener-Reihe

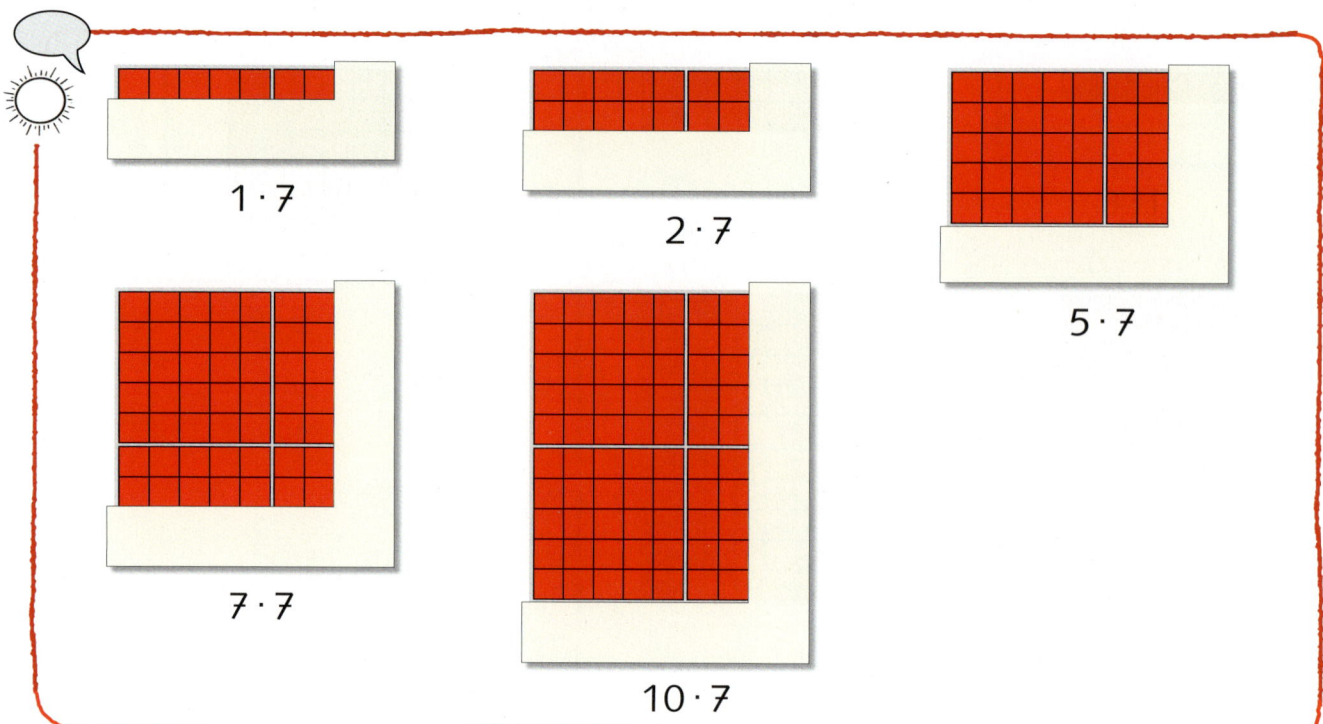

① Rechne mit den Merkaufgaben.

a) 3 · 7   b) 4 · 7   c) 6 · 7   d) 8 · 7   e) 9 · 7

S. 88 Nr. 1
a) 3 · 7 =
   2 · 7 =
   1 · 7 =

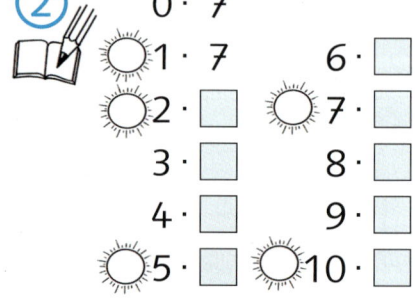

③ Finde zu jeder Aufgabe die Tauschaufgabe.

a) 1 · 7   b) 8 · 7   c) 2 · 7   d) 5 · 7
   ☐ · ☐   ☐ · ☐   ☐ · ☐   ☐ · ☐

e) 3 · 7   f) 9 · 7   g) 6 · 7   h) 7 · 7
   ☐ · ☐   ☐ · ☐   ☐ · ☐   ☐ · ☐

i) 10 · 7   j) 0 · 7   k) 4 · 7
   ☐ · ☐   ☐ · ☐   ☐ · ☐

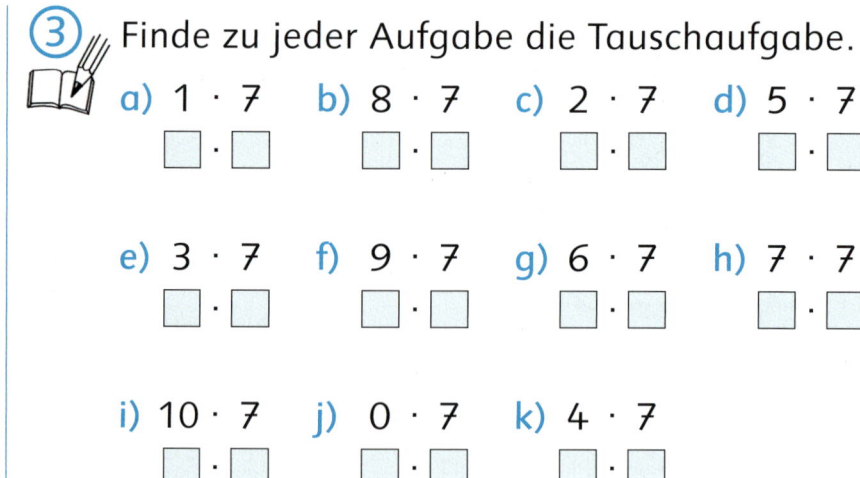

 Sprechen
*Die Malaufgabe 3 · 7 setzt sich aus den Merkaufgaben 2 · 7 und 1 · 7 zusammen.
Ich kann 3 · 7 in 2 · 7 und 1 · 7 zerlegen.*

Neuner-Reihe

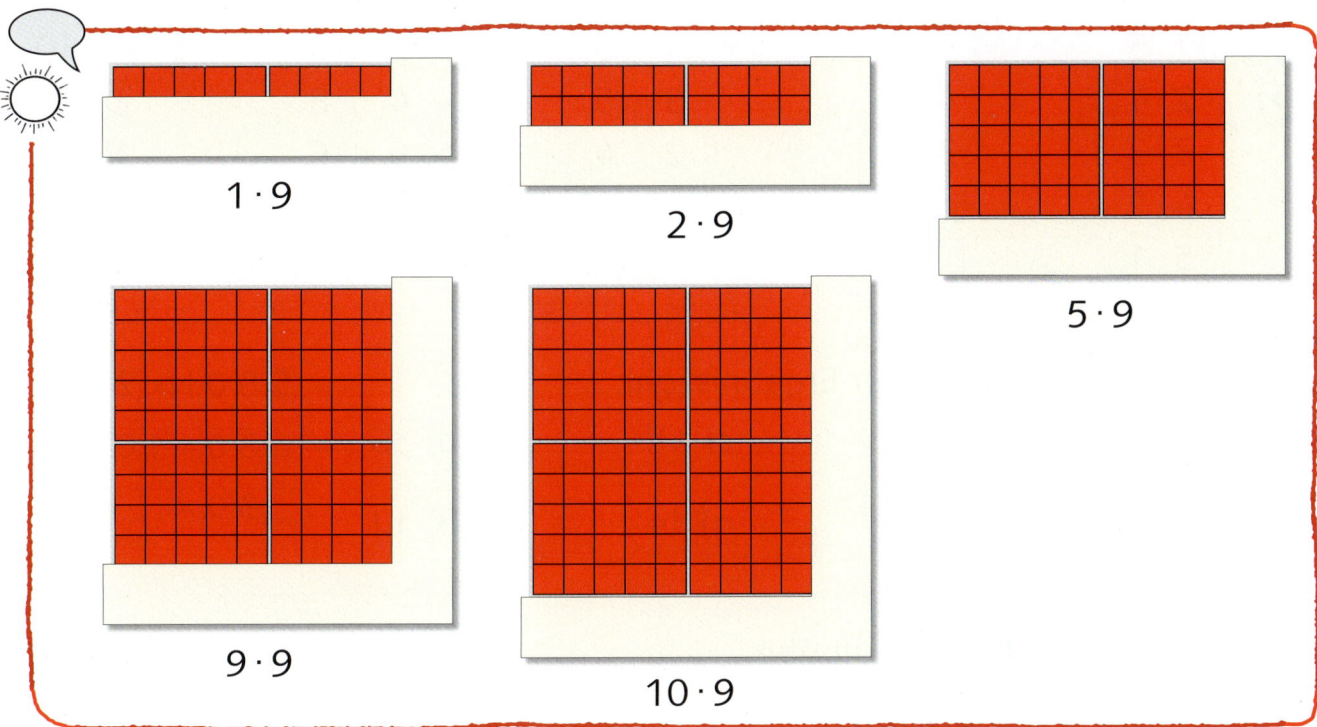

1 · 9   2 · 9   5 · 9

9 · 9   10 · 9

① Rechne mit den Merkaufgaben.
a) 3 · 9   b) 4 · 9   c) 6 · 9   d) 7 · 9   e) 8 · 9

S. 89 Nr. 1
a) 3 · 9 =
   2 · 9 =
   1 · 9 =

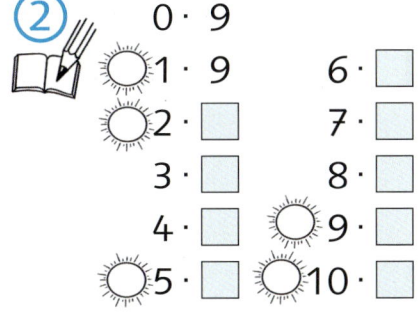

② 0 · 9
1 · 9   6 · ☐
2 · ☐   7 · ☐
3 · ☐   8 · ☐
4 · ☐   9 · ☐
5 · ☐   10 · ☐

③
a) ☐ · 9 = 63   b) ☐ · 9 = 9
c) ☐ · 9 = 90   d) ☐ · 9 = 45
e) ☐ · 9 = 18   f) ☐ · 9 = 54
g) ☐ · 9 = 0   h) ☐ · 9 = 27
i) ☐ · 9 = 81   j) ☐ · 9 = 36

6 · 7

5 · 7 und 1 · 7
35 plus 7 = 42

▶ AH 57
▶ D 73–76
▶ KV 65–72

Sprechen
*Die Malaufgabe 3 · 9 setzt sich aus den Merkaufgaben 2 · 9 und 1 · 9 zusammen.
Ich kann 3 · 9 in 2 · 9 und 1 · 9 zerlegen.*

Didaktische Information
Erarbeitung der Neuner-Reihe mit Hilfe der Merkaufgaben; Partnerkurs soll die Zerlegung der Malaufgabe deutlich machen; Kinder müssen argumentieren, wenn sie die Malaufgabe unterschiedlich zerlegen

Malaufgaben üben

1

a) 1 · 5	b) 5 · 5	c) 4 · 6	d) 2 · 10	e) 10 · 10
2 · 4	4 · 4	3 · 5	4 · 8	9 · 8
3 · 3	3 · ☐	2 · 4	6 · 6	8 · 6
4 · 2	☐ · ☐	☐ · ☐	☐ · ☐	☐ · ☐
5 · 1	☐ · ☐	☐ · ☐	☐ · ☐	☐ · ☐

2 Finde Aufgaben zu der Ergebniszahl.

a) 30   b) 24   c) 48   d) 36

e) 20   f) 18   g) 14   h) 12

```
S.90 Nr.2
a) 30 = 10 · 3
   30 =
```

3 Finde die passende Aufgabe.

a)    4 · 7   8 · 4   4 · 8

Es sind ☐ Blumen.

```
S.90 Nr.3
a) 4 · 8 =
   Es sind   Blumen.
```

b)       4 · 8   6 · 4   4 · 6

Es sind ☐ Flaschen.

c)        3 · 5   5 · 3   6 · 3

Es sind ☐ Kugeln.

d)      2 · 10   3 · 10   10 · 3

Es sind ☐ Eier.

④
a) 21 = ☐ · 3
30 = ☐ · 3
24 = ☐ · 3
15 = ☐ · 3

b) 6 = ☐ · 6
60 = ☐ · 6
36 = ☐ · 6
24 = ☐ · 6

c) 70 = ☐ · 7
14 = ☐ · 7
28 = ☐ · 7
42 = ☐ · 7

d) 20 = ☐ · 4
36 = ☐ · 4
28 = ☐ · 4
32 = ☐ · 4

e) 8 = ☐ · 8
24 = ☐ · 8
40 = ☐ · 8
56 = ☐ · 8

f) 54 = ☐ · 9
63 = ☐ · 9
36 = ☐ · 9
27 = ☐ · 9

⑤
a) 2 · 6 = ☐ · 3
2 · 4 = ☐ · 2
5 · 8 = ☐ · 4
4 · 8 = ☐ · 4

b) 3 · 8 = ☐ · 4
4 · 4 = ☐ · 2
10 · 3 = ☐ · 6
2 · 3 = ☐ · 6

S. 91 Nr. 5
a) 2 · 6 = 4 · 3
12 = 4 · 3

⑥ <, > oder =

a) 3 · 9 ○ 20
3 · 8 ○ 20
3 · 6 ○ 20

b) 3 · 5 ○ 15
2 · 7 ○ 15
3 · 8 ○ 15

S. 91 Nr. 6
a) 3 · 9 > 20
27 > 20

c) 10 · 5 ○ 40
10 · 3 ○ 40
10 · 2 ○ 40
10 · 4 ○ 40

d) 5 · 7 ○ 30
8 · 4 ○ 30
5 · 6 ○ 30
6 · 6 ○ 30

e) 8 · 7 ○ 50
9 · 6 ○ 50
5 · 8 ○ 50
2 · 10 ○ 50

⑦
a) 17 = 4 · 4 + ☐
30 = 7 · 4 + ☐
26 = 5 · 4 + ☐
31 = 6 · 4 + ☐

b) 43 = 6 · 7 + ☐
41 = 5 · 7 + ☐
60 = 8 · 7 + ☐
31 = 4 · 7 + ☐

S. 91 Nr. 7
a) 17 = 4 · 4 + 1
17 = 16 + 1

c) 27 = 5 · 5 + ☐
37 = 7 · 5 + ☐
46 = 9 · 5 + ☐
52 = 10 · 5 + ☐

d) 20 = 3 · 6 + ☐
33 = 5 · 6 + ☐
56 = 9 · 6 + ☐
49 = 8 · 6 + ☐

e) 33 = 4 · 8 + ☐
26 = 3 · 8 + ☐
58 = 7 · 8 + ☐
50 = 6 · 8 + ☐

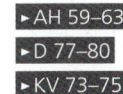
▶ AH 59–63
▶ D 77–80
▶ KV 73–75

 Sprechen
Zu dem Ergebnis … gehört die Malaufgabe …
Die Malaufgabe … ergänze ich mit der Zahl … zu dem Ergebnis …

Didaktische Information
Übungen zu den Malaufgaben; 5 Strategie des Halbierens/Verdoppelns/Tauschaufgaben; 7 Ergänzen; Einmaleinspass (Forscherheft)

Das kann ich schon

① Ich kann die Plusaufgabe und die Malaufgabe finden.

a) 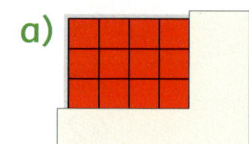   b) 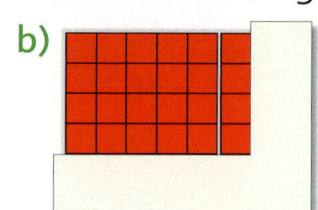   c)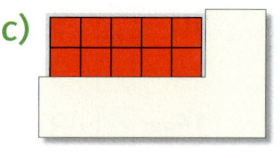

② Ich kann die Tauschaufgaben finden.

a) 6 · 3   b) 7 · 6   c) 4 · 8

d) 9 · 3   e) 0 · 7   f) 8 · 5

③ Ich kann zu den Quadratzahlen die Quadrataufgaben finden.

a) 9   b) 16   c) 49   d) 64   e) 4

f) 1   g) 81   h) 25   i) 36   j) 100

④ Ich kann die Merkaufgaben schnell rechnen.

a) 1·3	b) 1·4	c) 1·6	d) 1·7	e) 1·8	f) 1·9
2·3	2·4	2·6	2·7	2·8	2·9
3·3	4·4	5·6	5·7	5·8	5·9
5·3	5·4	6·6	7·7	8·8	9·9
10·3	10·4	10·6	10·7	10·8	10·9

⑤ Ich kann mit den Merkaufgaben rechnen.

S. 84 bis S. 89

a) 4 · 3   b) 6 · 4   c) 7 · 6

d) 4 · 7   e) 3 · 8   f) 8 · 9

⑥ Ich kann Malaufgaben mit einem Platzhalter rechnen.

a) ☐ · 3 = 15   b) ☐ · 7 = 42   c) ☐ · 4 = 32   d) ☐ · 5 = 35

e) ☐ · 6 = 48   f) ☐ · 2 = 18   f) ☐ · 8 = 24   h) ☐ · 9 = 72

Forscherseite

① a) Schreibe alle Ergebniszahlen einer Einmaleinsreihe auf. Markiere immer die Einer.

b) Nimm eine Einmaleinsuhr. Verbinde die Einer nacheinander.

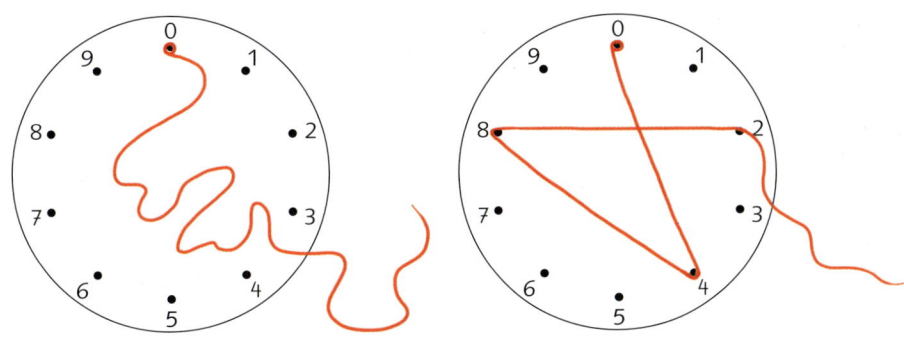

S.93 Nr.1
a) 4, 8, 12, 16, 20, 24, 28, 32, 36, 40

c) Probiere es mit weiteren Einaleinsreihen.

② Finde die passende Einmaleinsreihe für die Muster.

a) 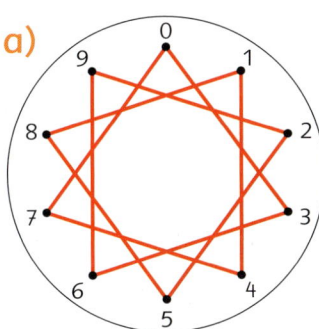 b) 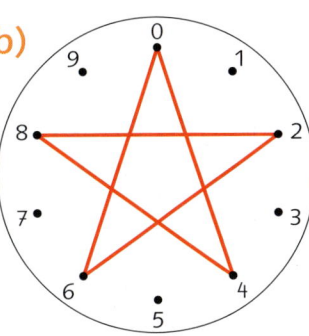 c)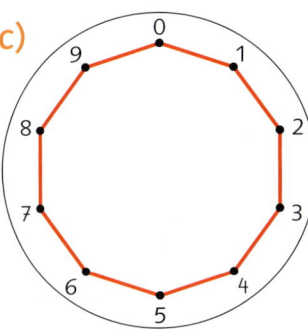

d) 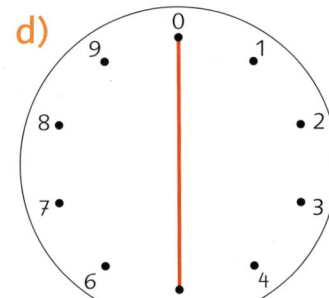 e) 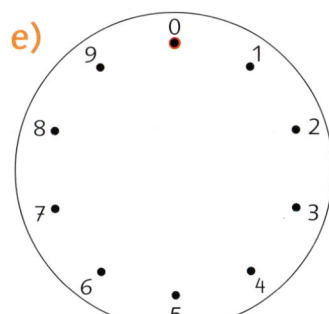 f)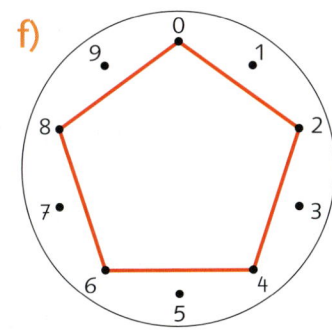

③ Ordne die Einmaleinsreihen zu.

a) 5 Ecken   b) 10 Ecken   c) Punkt

d) Linie   e) 5 Zacken   f) 10 Zacken

S.93 Nr.3
a) 5 Ecken: -Reihe

► KV 77

Didaktische Information
Anregungen zum Ausprobieren, Knobeln, Forschen und Entdecken mit Anforderungen, die über die der vorherigen Seiten hinausgehen

93

Münzen und Scheine

die Münze
der Schein
der Euro
der Cent

① Schreibe alle Cent-Münzen.

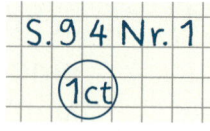

② Schreibe die Euro-Münzen und Euro-Scheine.

③ Cent und Euro gibt es auch in anderen Ländern.  Die Münzen haben andere Rückseiten.

Belgien   Finnland   Frankreich   Belgien   Finnland   Frankreich

④ Wie viele Cent sind es?

a)     b)

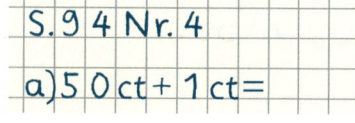

c)      d)

e)      f)

Euro und Cent

① Lege immer 1 €. Nimm nur Cent-Münzen.

a) Nimm nur 50 ct-Münzen.

b) Nimm nur 20 ct-Münzen.

c) Nimm nur 10 ct-Münzen.   d) Finde weitere Möglichkeiten.

② Lege mit Rechengeld.
a) 15 ct   b) 82 ct   c) 91 ct
d) 58 €   e) 93 €   f) 76 €

③ Lege mit möglichst wenigen Cent-Münzen.
a) 50 ct   b) 75 ct   c) 99 ct   d) 24 ct   e) 46 ct

④ Lege immer 1 €.

a)    b) 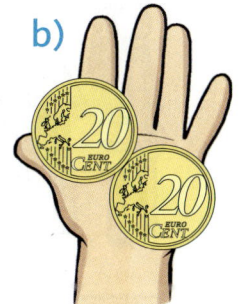   c)    d)

►AH 65
►KV 79/80

Didaktische Information
Zerlegen von 1 € = 100 ct;
❗ Anregung von kombinatorischen Überlegungen;
Kinder, die noch unsicher sind, mit Rechengeld legen
lassen (Kartonbeilage)

95

Preise

① Lege mit Rechengeld und schreibe in eine Tabelle.

a) 21,45 €
b) 14,98 €
c) 56,09 €

S. 96 Nr. 1
a) 21,45 €

Euro	,	Cent
20 €		10ct 10ct 10ct 10ct
1 €		5ct

② Finde den Preis und schreibe auf.

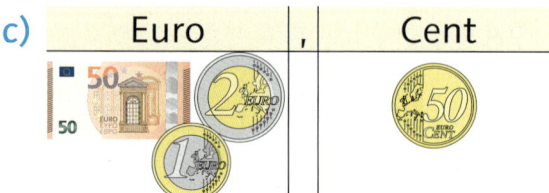

③ ct oder €?

a)
Klebestift
1 ☐

b)
Apfel
45 ☐

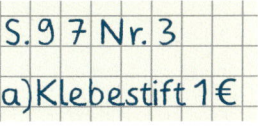
S. 97 Nr. 3
a) Klebestift 1 €

c)
Radiergummi
99 ☐

d)
Füller
12 ☐

e)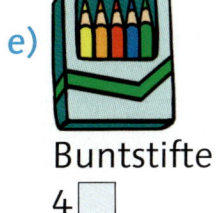
Buntstifte
4 ☐

f)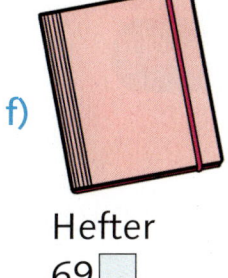
Hefter
69 ☐

④ Mehr oder weniger als 1 €?

a)
Becherlupe

b)
Kekse

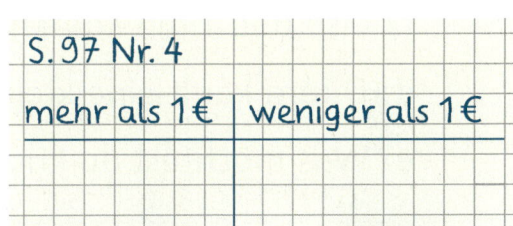
S. 97 Nr. 4

mehr als 1 €	weniger als 1 €

c)
Pizza

d)
Banane

e)
Fußballschuhe

f)
1 l Milch

g) Finde weitere Sachen.

⑤

a)  8 €  9 €

Ein Buch kostet ☐.

Ein Lesezeichen kostet ☐.

b) 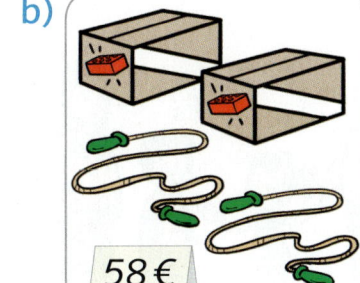 58 € 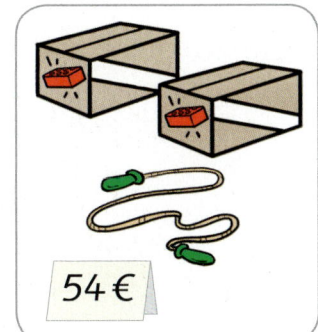 54 €

Ein Kasten mit Bausteinen kostet ☐.

Ein Springseil kostet ☐.

Einkaufen

das Rückgeld

kleine Waffel 30 ct
große Waffel 50 ct
Streusel 20 ct
Schokosoße 30 ct
Sahne 40 ct

① Rechne den Preis aus.

    a) Momo kauft eine kleine Waffel mit Streuseln.

    b) Mia kauft eine große Waffel mit Sahne.

    c) Lisa und Timo kaufen 2 große Waffeln mit Schokosoße.

    d) Dilara kauft eine kleine Waffel mit Sahne.

    e) Was möchtest du kaufen?

S. 98 Nr. 1
a)
30 ct + 20 ct =

② Rechne den Preis und das Rückgeld aus.

    a) Umut hat 1 €.
       Er kauft eine große Waffel mit Streuseln.
       Wie viel Geld bekommt er zurück?

    b) Milan und Emira haben 1 € 50 ct.
       Sie kaufen zwei große Waffeln mit Streuseln.
       Wie viel Geld bekommen sie zurück?

    c) Du hast 1 € 1 €. Was möchtest du kaufen?
       Wie viel Geld bekommst du zurück?

S. 98 Nr. 2
a)
50 ct + 20 ct = 70 ct
1 € − 70 ct = 30 ct

③ Was können sie kaufen?
Wie viel Geld bekommen sie zurück?

a)

b)

Sprechen
Verbklammer *Rechne ... aus.*
Ich habe ... / Ich kaufe ... / Es kostet ... / Ich bekomme ... zurück.

④ Was möchtest du kaufen? Finde verschiedene Möglichkeiten.
Wie viel € bekommst du als Rückgeld?

a) Du hast .

b) Du hast .

c) Du hast .

S. 99 Nr. 4
a) 10 €
Ich kaufe | Preis | Rückgeld

⑤ a)

b)

c)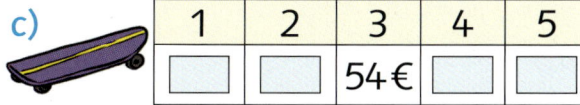

d)

⑥ Sind es Sonderangebote? Begründe.

a)

b)

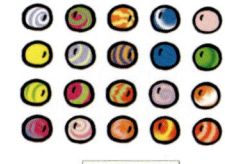

c)

► AH 69
► D 87/88
► KV 83–85

Sprechen
Ich habe … €. / Ich möchte … kaufen. / Es kostet …
Ich bekomme … zurück.

Didaktische Information
Handlungssequenz sprachlich begleiten lassen; die Ein-
kaufsideen der offenen Aufgabe präsentieren lassen

Das kann ich schon

① Ich kann Geldbeträge bestimmen.

a)  b)

c)  d)

② Ich kann Geldbeträge zeichnen.

a) 63 ct b) 85 ct

c) 48 € d) 64 €

③ Ich kann Geldbeträge mit möglichst wenigen Münzen und Scheinen zeichnen.

a) 38 ct b) 75 ct

c) 76 € d) 37 €

④ Ich kann Geldbeträge mit € und ct lesen.

a) 36,47 € b) 19,30 €

c) 87,03 € d) 50,01 €

⑤ Ich kann das Rückgeld berechnen.

a)  80 ct   Ich gebe .   Ich bekomme ☐ zurück.

b)  75 ct   Ich gebe .   Ich bekomme ☐ zurück.

c)  14 €   Ich gebe .   Ich bekomme ☐ zurück.

d) 12 €   Ich gebe .   Ich bekomme ☐ zurück.

Forscherseite

1 Lisa hat eine neue Schultasche.

Schultasche	39 €
5 Ordner	5 €
1 Federtasche	8 €
1 Trinkflasche	15 €

Was ist in deiner Schultasche? Was kostet es?
Schreibe eine Tabelle.

2 Finde die Fehler.

S.101 Nr. 2
a) 7 6 ct   20 ct 20 ct 20 ct 20 ct   2 ct   2 ct   2 ct
b) 15 €   15 €
c) 31,50 ct
d) 25,142 €

3 Vergleiche die Tabellen.
Was entdeckst du?

a)

Euro	0,50	1	1,50	2	2,50
Minuten	2	4	6	8	10

b)

Euro	2	4	5	7	8
Minuten	2	4	6	8	10

Verteilen

 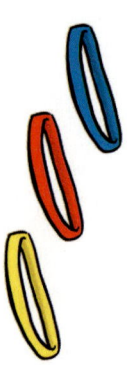 

24 Kinder   3 Mannschaften   8 Kinder in jeder Mannschaft

| 24 | : 3 | = 8 |

24   geteilt durch 3   gleich 8

teilen
geteilt durch
die Geteiltaufgabe

Ich lege mit Plättchen.

Ich zeichne.

① Bilde Mannschaften. Zeichne die Tabelle.

S.102 Nr.1	Kinder			24	24	24	24	24	24	24
	Mannschaften			2	3	4	5	6	7	8
	Kinder in einer Mannschaft				8					
	Wie viele Kinder bleiben übrig?									

② Verteile die Plättchen und rechne die Geteiltaufgabe.

a) 8 : 2   b) 15 : 5   c) 20 : 10
   10 : 2   25 : 5   10 : 10
   14 : 2   20 : 5   60 : 10
    6 : 2   10 : 5   30 : 10
   16 : 2   30 : 5   50 : 10

| S.102 Nr.2 |
| a) 8 : 2 = |

Didaktische Information
Das Verteilen und Aufteilen sind zwei Aspekte der Division; Diese Unterscheidung ist für die Lehrkraft wichtig, jedoch kein Begriffswissen der Kinder

Sprechen
24 geteilt durch 3 gleich 8.

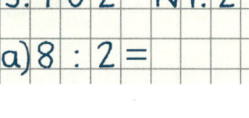

Aufteilen

12 Kinder
12

Immer 4 Kinder am Gruppentisch
: 4
geteilt durch 4

3 Gruppentische
= 3
gleich 3

teilen
geteilt durch
die Geteilt-
aufgabe

① Bilde Vierer-Gruppen. Zeichne eine Tabelle.

S.103 Nr.1	Kinder	24	20	16	12	8	4	40
	Kinder in einer Gruppe	4	4	4	4	4	4	4
	Gruppen	6						

② Lege und zeichne die Geteiltaufgabe.

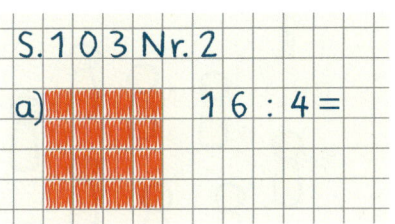
S.103 Nr.2
a)   16 : 4 =

a) Lege immer 4 Plättchen in eine Reihe.

b) Lege immer 2 Plättchen in eine Reihe.

c) Lege immer 8 Plättchen in eine Reihe.

③ Zeichne und rechne die Geteiltaufgabe.

a) 6 : 3	b) 8 : 4	c) 8 : 2	d) 16 : 8
9 : 3	12 : 4	10 : 2	24 : 8
12 : 3	20 : 4	12 : 2	40 : 8
15 : 3	28 : 4	18 : 2	48 : 8
18 : 3	32 : 4	20 : 2	64 : 8

▶ AH 71
▶ D 89–92

Sprechen
16 geteilt durch 4 gleich 4.

Didaktische Information
Das Verteilen und Aufteilen sind zwei Aspekte der Division; Diese Unterscheidung ist für die Lehrkraft wichtig, jedoch kein Begriffswissen der Kinder; D Eigene Aufgaben erfinden (Lerntagebuch)

Teilen

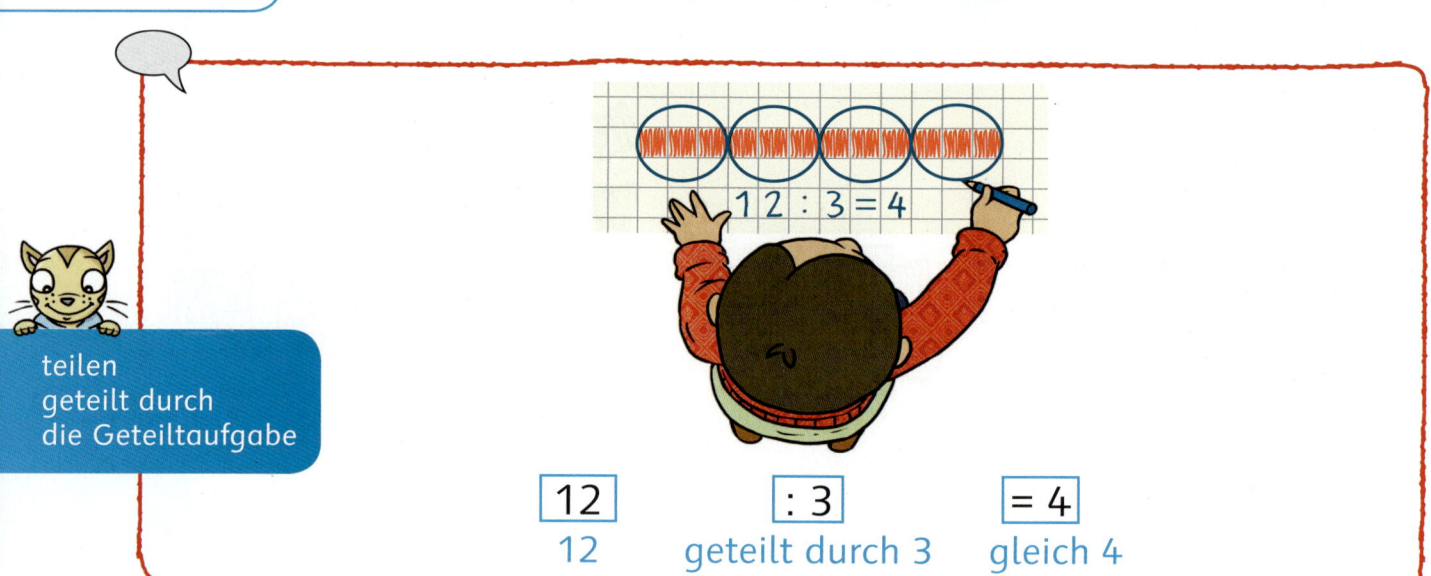

teilen
geteilt durch
die Geteiltaufgabe

| 12 | : 3 | = 4 |
| 12 | geteilt durch 3 | gleich 4 |

① a) Immer 4.

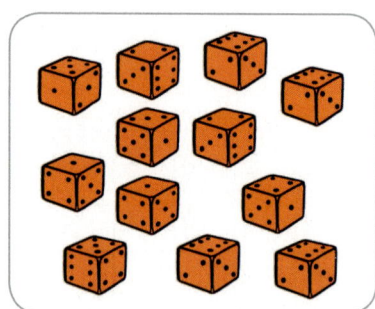

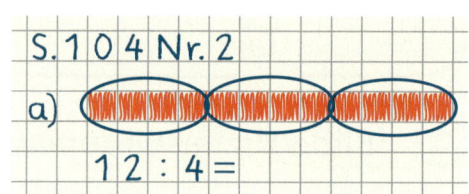

S. 104 Nr. 2
a) 12 : 4 =

b) Immer 3.

c) Immer 2.

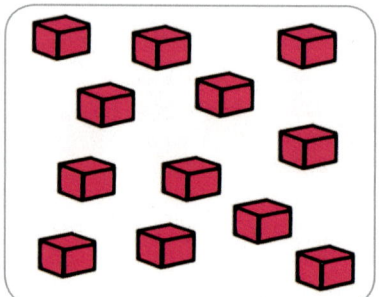

d) Immer 5.

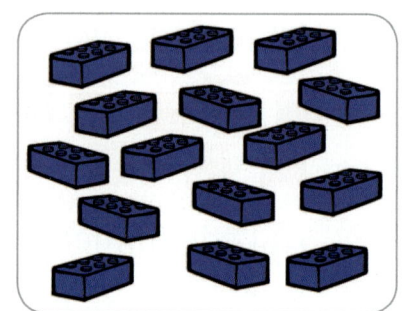

② a) 6 : 3   b) 8 : 4   c) 4 : 2   d) 5 : 5
   9 : 3   12 : 4   8 : 2   10 : 5
   15 : 3   16 : 4   14 : 2   20 : 5

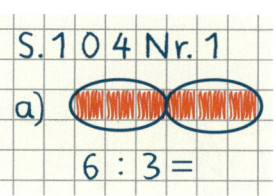

S. 104 Nr. 1
a) 6 : 3 =

③ Teile 18 Plättchen auf.
Zeichne und schreibe die Geteiltaufgabe.
Finde verschiedene Möglichkeiten.

Didaktische Information
Die Kinder bekommen die Möglichkeit, Divisionsaufgaben auf der ikonischen Ebene zu lösen; Dabei wird auf den Aspekt des Aufteilens zurückgegriffen

Sprechen
12 geteilt durch 3 gleich 4.

▶ AH 72
▶ KV 86, 88/89

Teilen mit Rest

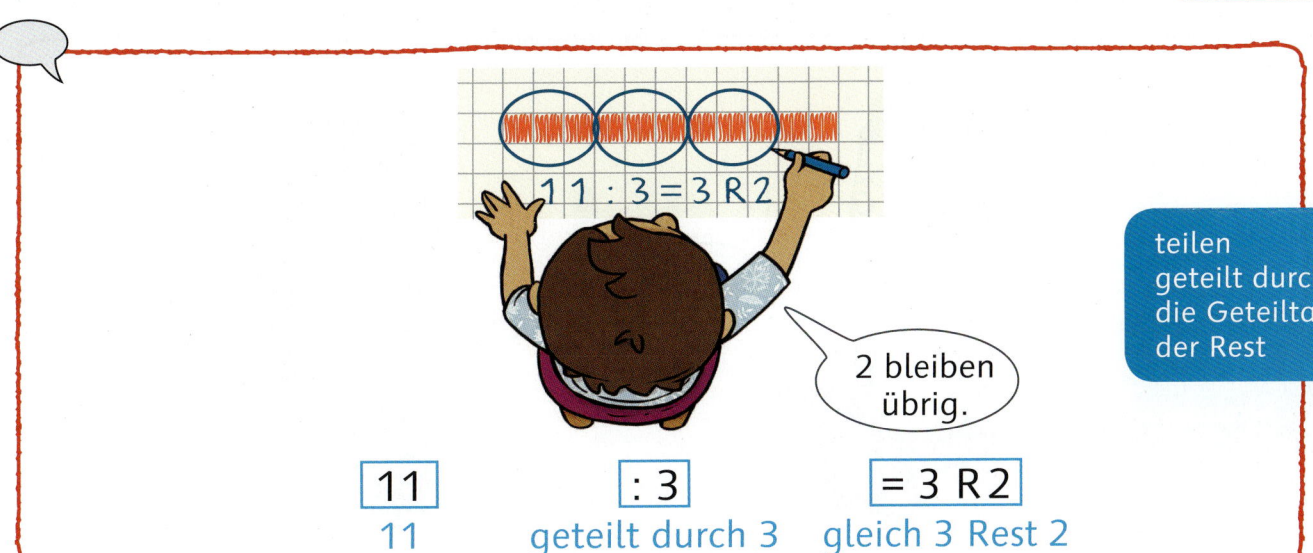

11 : 3 = 3 R 2
2 bleiben übrig.

| 11 | : 3 | = 3 R 2 |
| 11 | geteilt durch 3 | gleich 3 Rest 2 |

teilen
geteilt durch
die Geteiltaufgabe
der Rest

① a) Immer 4.

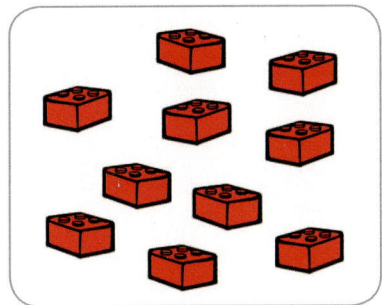

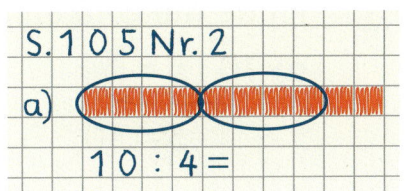
S. 105 Nr. 2
a) 10 : 4 =

b) Immer 2.   c) Immer 5.   d) Immer 3.

 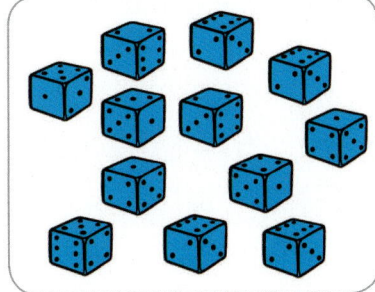 

② a) 5 : 2   b) 9 : 4   c) 8 : 3   d) 7 : 5
       9 : 2   15 : 4   13 : 3   13 : 5
      13 : 2   18 : 4   17 : 3   19 : 5

S. 105 Nr. 1
a) 5 : 2 =

③ Teile eine Zahl durch 6.
Wie groß kann der Rest sein?
Probiere aus. Erkläre.

► AH 72
► D 93/94
► KV 87

Sprechen
11 geteilt durch 3 gleich 3 Rest 2.

Didaktische Information
Bei Auf- und Verteilhandlungen bleibt häufig ein Rest übrig; Deshalb sollten solche Aufgaben von Anfang an mit einbezogen werden. Lernplakat erstellen: Aufgaben mit /ohne Rest

Umkehraufgaben

Mir hilft die Umkehraufgabe.

12 : 3 = 4
4 · 3 = 12

12 : 3 = 4
denn
4 · 3 = 12

die Geteiltaufgabe
die Malaufgabe
die Umkehraufgabe

① Finde die Umkehraufgabe. Rechne.

a) 10 : 5 = ☐
   ☐ · 5 = 10

b) 15 : 3 = ☐
   ☐ · 3 = 15

c) 16 : 8 = ☐
   ☐ · 8 = 16

d) 14 : 2 = ☐
   ☐ · 2 = 14

e) 8 : 4 = ☐
   ☐ · 4 = 8

f) 25 : 5 = ☐
   ☐ · 5 = 25

g) 20 : 10 = ☐
   ☐ · 10 = 20

h) 12 : 4 = ☐
   ☐ · 4 = 12

i) 30 : 3 = ☐
   ☐ · 3 = 30

j) 18 : 6 = ☐
   ☐ · 6 = 18

k) 20 : 5 = ☐
   ☐ · 5 = 20

② a) 18 : 2 = ☐
     ☐ · ☐ = ☐

b) 30 : 5 = ☐
   ☐ · ☐ = ☐

c) 27 : 3 = ☐
   ☐ · ☐ = ☐

d) 60 : 6 = ☐
   ☐ · ☐ = ☐

e) 36 : 6 = ☐
   ☐ · ☐ = ☐

f) 14 : 7 = ☐
   ☐ · ☐ = ☐

g) 40 : 8 = ☐
   ☐ · ☐ = ☐

h) 18 : 3 = ☐
   ☐ · ☐ = ☐

③ a) 16 : ☐ = 8
     ☐ · ☐ = ☐

b) 35 : ☐ = ☐
   5 · ☐ = ☐

c) ☐ : 5 = 9
   ☐ · ☐ = ☐

d) ☐ : ☐ = ☐
   ☐ · 7 = 70

e) ☐ : 6 = ☐
   9 · ☐ = 54

f) 28 : ☐ = ☐
   4 · ☐ = ☐

g) ☐ : ☐ = ☐
   ☐ · 6 = 48

h) 18 : ☐ = ☐
   3 · ☐ = ☐

Didaktische Information
Verdeutlichung des Zusammenhangs zwischen Multiplikation und Division; Die Umkehraufgabe ist eine Strategie zum Lösen der Divisionsaufgabe

Sprechen
12 geteilt durch 3 gleich 4, denn 4 mal 3 gleich 12.
❗ Die Konjunktion *denn* hilft, den Zusammenhang herzustellen

►AH 73
►D 95/96
►KV 90/91

Aufgabenfamilien

die Geteiltaufgabe
die Malaufgabe
die Umkehraufgabe
die Tauschaufgabe
die Aufgabenfamilie

① Finde alle Aufgaben.

a)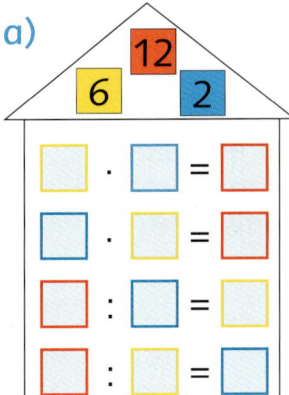

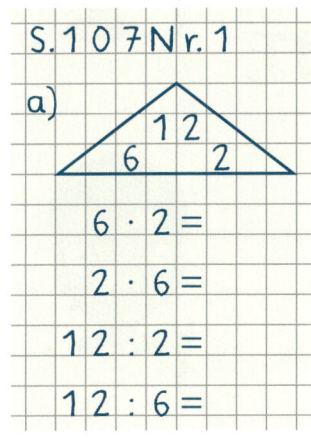

b) 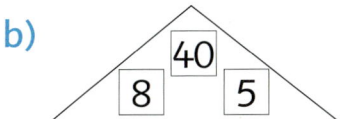 c) 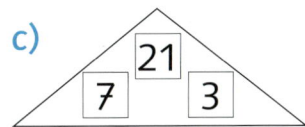 d)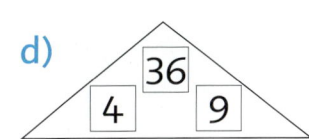

②  a) 15   b) 28   c) 45   d) ☐
       5   3   7   4   9   5   6   10

③  Welche Zahlen gehören in das Haus? Finde alle Aufgaben.

a) 3   b) 6   c) 6   d) 6
   5 15   24 4   7 56   36 9
   30   8   8   4

▶ AH 73
▶ D 95/96
▶ KV 92

Sprechen
4 mal 5 gleich 20 ist die Tauschaufgabe zu
5 mal 4 gleich 20.
20 geteilt durch 5 gleich 4 ist die Umkehraufgabe zu
4 mal 5 gleich 20.

Didaktische Information
Durch die Umkehraufgaben werden die Multiplikations-
und Divisionsaufgaben enger miteinander verzahnt

Zahlenrätsel

teilen → das Ergebnis

Ich denke mir eine Zahl.

Ich teile die Zahl durch 5.

Das Ergebnis ist 3.

1 a)
Ich denke mir eine Zahl. Ich teile die Zahl durch 4. Das Ergebnis ist 5.

S. 108 Nr. 1
a) ▓▓▓▓ : 4 = 5
5 · 4 =

b)
Ich denke mir eine Zahl. Ich teile die Zahl durch 5. Das Ergebnis ist 8.

c)
Ich denke mir eine Zahl. Ich teile die Zahl durch 6. Das Ergebnis ist 3.

d)
Ich denke mir eine Zahl. Ich teile die Zahl durch 4. Das Ergebnis ist 6.

e)
Ich denke mir eine Zahl. Ich teile die Zahl durch 7. Das Ergebnis ist 2.

2  a)
Ich denke mir eine Zahl. Ich teile sie durch 4. Ich erhalte 4.

b)
Ich denke mir eine Zahl. Ich teile sie durch 3. Ich erhalte 7.

c)
Ich denke mir eine Zahl. Ich teile sie durch 2. Ich erhalte 8.

Didaktische Information
Zahlenrätsel werden systematisch erarbeitet; zunächst werden Aufgaben formuliert, die durch die Umkehraufgaben direkt zu lösen sind; D Eigene Zahlenrätsel erfinden und in ein Lerntagebuch / auf Karteikarten schreiben

Sprechen
! 2 sprachliche Progression, da zunächst auf Pronomen verzichtet wird; Bezug herzustellen (die Zahl → sie)

► AH 74/75
► D 97/98
► KV 93–95

teilen
das Ergebnis

Ich nehme die Zahl 20.

Ich teile die Zahl 20 durch eine andere Zahl.

Das Ergebnis ist 4.

③ a)

Ich nehme die Zahl 15. Ich teile die Zahl 15 durch eine andere Zahl. Das Ergebnis ist 5.

S.109 Nr.1
a) 15 : ▓ = 5
   5 · ▓ = 15

b)  Ich nehme die Zahl 35. Ich teile die Zahl 35 durch eine andere Zahl. Das Ergebnis ist 7.

c)  Ich nehme die Zahl 18. Ich teile die Zahl 18 durch eine andere Zahl. Das Ergebnis ist 2.

d)  Ich nehme die Zahl 24. Ich teile die Zahl 24 durch eine andere Zahl. Das Ergebnis ist 4.

e)  Ich nehme die Zahl 28. Ich teile die Zahl 28 durch eine andere Zahl. Das Ergebnis ist 7.

④  a) Ich nehme die Zahl 90. Ich teile sie durch eine Zahl. Das Ergebnis ist 9.

b) Ich nehme die Zahl 49. Ich teile sie durch eine Zahl. Das Ergebnis ist 7.

c) Ich nehme die Zahl 21. Ich teile sie durch eine Zahl. Das Ergebnis ist 3.

► AH 74/75
► D 97/98
► KV 93–95

Sprechen
❗ 4 sprachliche Progression, da zunächst auf Pronomen verzichtet wird; Bezug herzustellen (die Zahl → sie)

Didaktische Information
Die Schwierigkeit erhöht sich auf dieser Seite, da die Gesamtanzahl gegeben ist und auch in der Umkehraufgabe eine Platzhalteraufgabe entsteht

Das kann ich schon

① Ich kann Geteiltaufgaben rechnen.

S. 104

a) 8 : 2
12 : 2
16 : 2

b) 12 : 3
16 : 4
18 : 6

c) 15 : 5
12 : 4
16 : 8

② Ich kann Geteiltaufgaben mit Rest rechnen.

S. 105

a) 7 : 2
9 : 2
13 : 2

b) 7 : 3
15 : 4
14 : 6

c) 13 : 5
11 : 4
15 : 7

③ Ich kann zu einer Geteiltaufgabe die Umkehraufgabe schreiben.

S. 106

a) 15 : 5 = ☐
   ☐ · 5 = 15

b) 18 : 3 = ☐
   ☐ · 3 = 18

c) 12 : 3 = ☐
   ☐ · 3 = 12

d) 12 : 2   e) 35 : 5   f) 30 : 3   g) 24 : 6

④ Ich kann alle 4 Aufgaben einer Aufgabenfamilie finden.

S. 107

a) 27, 9, 3

b) 32, 8, 4

c) 40, 8, 5

d) ☐, 5, 2

⑤ Ich kann Zahlenrätsel mit Geteiltaufgaben lösen.

S. 108/109

a) Ich denke mir eine Zahl. Ich teile die Zahl durch 5. Das Ergebnis ist 3.

b) Ich nehme die Zahl 14. Ich teile die Zahl 14 durch eine andere Zahl. Das Ergebnis ist 7.

Forscherseite

1 Finde immer die passende Aufgabe.

a) In der Klasse sind 16 Beine zu sehen.
Wie viele Kinder sind es?

b) 26 Bilder sollen aufgehängt werden. In eine Reihe
passen 6 Bilder. Passen alle Bilder in 4 Reihen?

c) Timo zählt 28 Stühle. An einem Gruppentisch sitzen 4 Kinder.
Wie viele Gruppentische sind es?

d) Immer drei Kinder arbeiten zusammen.
In der Klasse sind 25 Kinder.
Bleiben Kinder übrig?

2 Welche Aufgabenfamilien findest du mit diesen Zahlen?
Schreibe die 4 Aufgaben in dein Heft.

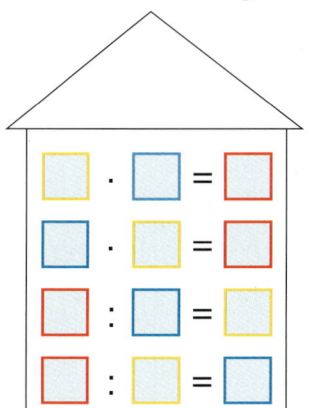 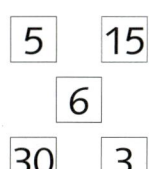 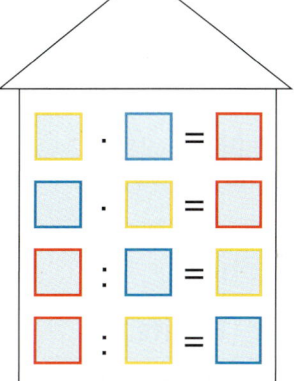

a) 8 6
   24
   4 3

b) 18 6
   3
   12 4

c) 9 4
   36
   3 12

d) 6 15
   12
   2 3

3 a)  Ich denke mir eine Zahl.
Ich teile sie durch 5
und rechne 12 dazu.
Das Ergebnis ist 16.

b)  Ich nehme die Zahl 32 und
teile sie durch eine Zahl.
Das Ergebnis ist
die Hälfte von 8.

111

Meter

der Meter
messen
kürzer als
länger als
genau

die Höhe
die Breite
genau 1 Meter
kürzer als 1 Meter
länger als 1 Meter

① Miss mit der Meterschnur.
Zeichne eine Tabelle.

S. 112 Nr. 1	kürzer als 1 Meter	genau 1 Meter	länger als 1 Meter
Tür (Höhe)			
Fenster (Breite)			
Tisch (Höhe)			
Tafel			

② Der „99-Zentimeter-Peter"
ist fast 1 Meter groß.
Wo ist dein Meterpunkt?

Annette Huber und
Manuela Olten

Didaktische Information
Es sollen Stützpunktvorstellungen erworben werden,
die sich an einem Meter orientieren

Sprechen
… ist größer/kleiner als ein Meter.
… ist breiter/schmaler als ein Meter.
… ist genau ein Meter hoch/breit.

► AH 76
► D 99/100
► KV 96

Meter und Zentimeter

"Ich messe mit dem Lineal."

"Ich messe mit dem Maßband."

der Zentimeter
der Meter
messen
das Lineal
das Maßband

1 Meter hat 100 Zentimeter.   1 m = 100 cm

① a) Miss mit dem Maßband oder dem Lineal.

- Heft (Breite)
- Anspitzer
- Radiergummi
- Tür (Breite)
- Tisch (Höhe)
- Bleistift

S. 113 Nr. 1

Was?	Womit?	Länge
Tür	Maßband	
Bleistift	Lineal	

b) Finde noch mehr Gegenstände.

② Finde Gegenstände für die Plakate.

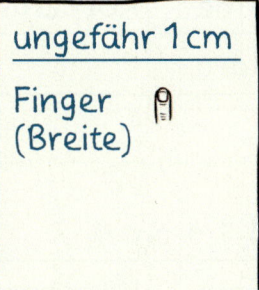

ungefähr 1 cm

Finger (Breite)

ungefähr 10 cm

ungefähr 1 m

Sprechen
Ich messe mit dem Lineal / dem Maßband.

Didaktische Information
Zentimeter als Maßeinheit werden eingeführt;
Es werden verschiedene Werkzeuge zum Messen genutzt

▶ AH 76
▶ D 99/100
▶ KV 97/98

Körpergrößen

der Zentimeter
der Meter
die Größe
messen

① Vergleiche die Körpergrößen.

 | der Größte | der Kleinste | größer als | kleiner als | gleich groß |

② Schreibe die richtigen Sätze auf.

Umut ist der Größte.

Emira ist die Kleinste.

Mia ist größer als Natalia.

Matteo ist kleiner als Milan.

Timo ist 2 cm kleiner als Umut.

Emira ist 4 cm größer als Dilara.

Milan ist 3 cm kleiner als Matteo.

Mia ist 4 cm größer als Matteo.

③ Zeichne eine Tabelle.
Ordne die Kinder.
Beginne mit dem kleinsten Kind.

Name	Körpergröße
Dilara	

④ Miss die Größen in deiner Klasse.
Zeichne eine Tabelle.

Name	Körpergröße

Ich bin 1 m 24 cm groß.

Kleidergröße	Körpergröße in cm
110	1 m 5 cm bis 1 m 10 cm
116	1 m 11 cm bis 1 m 16 cm
122	1 m 17 cm bis 1 m 22 cm
128	1 m 23 cm bis 1 m 28 cm
134	1 m 29 cm bis 1 m 34 cm
140	1 m 35 cm bis 1 m 40 cm
146	1 m 41 cm bis 1 m 46 cm
152	1 m 47 cm bis 1 m 52 cm
158	1 m 53 cm bis 1 m 58 cm

Dann hast du Kleidergröße 128.

der Zentimeter
der Meter
die Größe
messen

5 Schreibe die richtigen Sätze auf.

Kleidergröße	110	116	122	128	134	140	146	152	158
Wie viele Kinder?			I	III	IIII	II			

Die Kleidergröße 128 gibt es 3 mal.

Die Kleidergröße 128 gibt es am häufigsten.

Die Kleidergröße 122 gibt es am wenigsten.

Die Kleidergrößen 110 und 116 gibt es gar nicht.

Die Kleidergröße 134 gibt es 5 mal.

Die kleinste Kleidergröße in der Klasse ist 122.

Die Kleidergröße 127 gibt es 2 mal.

6 Welche Kleidergrößen gibt es in deiner Klasse? Zeichne eine Tabelle.

S.115 Nr.2									
Kleidergröße	110	116	122	128	134	140	146	152	158
Wie viele Kinder?									

Rechnen mit Längen

① Sortiere die Längen.
Beginne mit der kleinsten Länge.

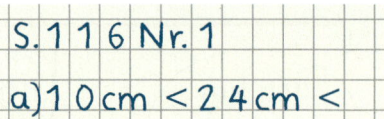
S.116 Nr.1
a) 10 cm < 24 cm <

kleiner als
größer als

a)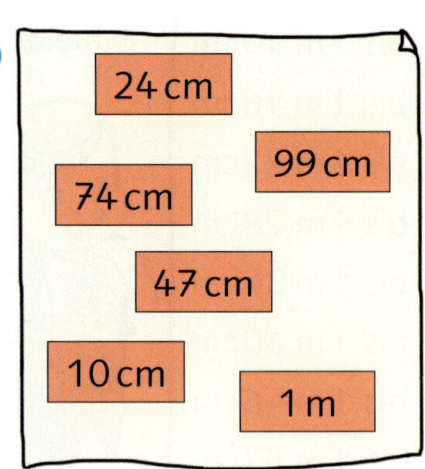
24 cm, 99 cm, 74 cm, 47 cm, 10 cm, 1 m

b)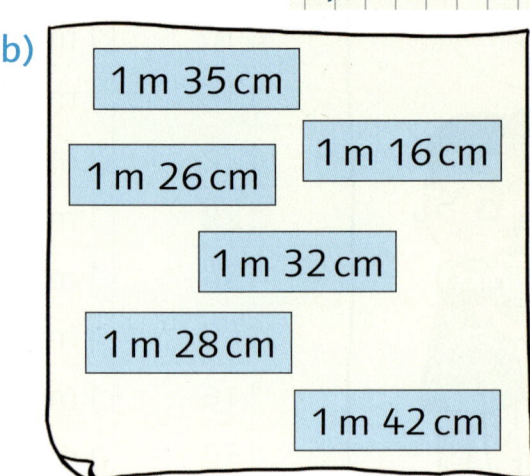
1 m 35 cm, 1 m 26 cm, 1 m 16 cm, 1 m 32 cm, 1 m 28 cm, 1 m 42 cm

②

a) 46 cm + 44 cm
36 cm + 54 cm
26 cm + 64 cm
☐ cm + ☐ cm

b) 25 cm + 25 cm
50 cm + 25 cm
75 cm + 25 cm
☐ cm + ☐ cm

c) 84 cm + 46 cm
73 cm + 37 cm
62 cm + 28 cm
☐ cm + ☐ cm

③ Immer 1 m.
Ergänze.

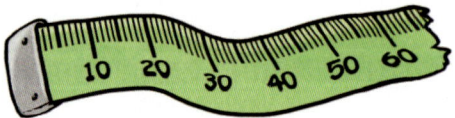

S.116 Nr.3
a) 60 cm + 40 cm = 1 m

a) 60 cm   b) 95 cm   c) 52 cm   d) 1 cm   e) 50 cm

f) 98 cm   g) 49 cm   h) 17 cm   i) 77 cm   j) 19 cm

k) 75 cm   l) 37 cm   m) 66 cm   n) 23 cm   o) 5 cm

④ Schreibe in Meter und Zentimeter.

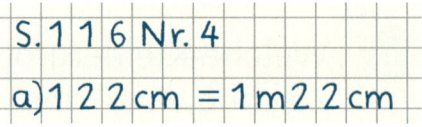
S.116 Nr.4
a) 122 cm = 1 m 22 cm

a) 122 cm   b) 133 cm   c) 100 cm
137 cm   156 cm   101 cm
117 cm   119 cm   110 cm
170 cm   190 cm   90 cm
107 cm   109 cm   9 cm

Messen und zeichnen

> Der Stift ist 11 cm lang.

> Ich zeichne 11 cm.

der Zentimeter messen

① Miss die Gegenstände und zeichne.

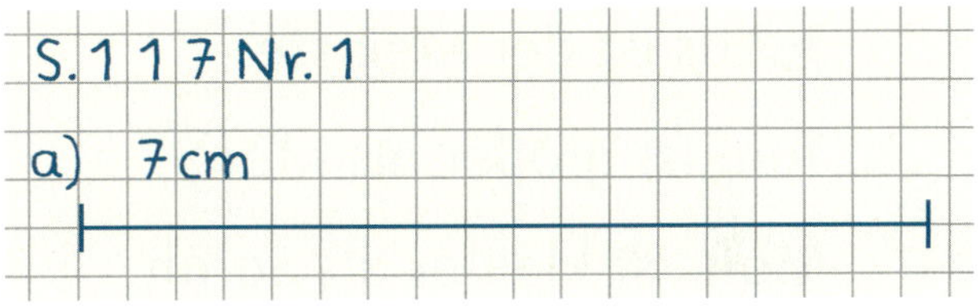

a)

b)

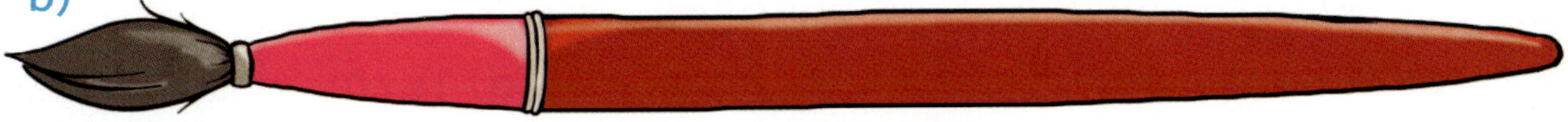

c) 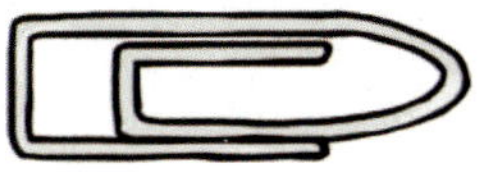   d)    e)

f)

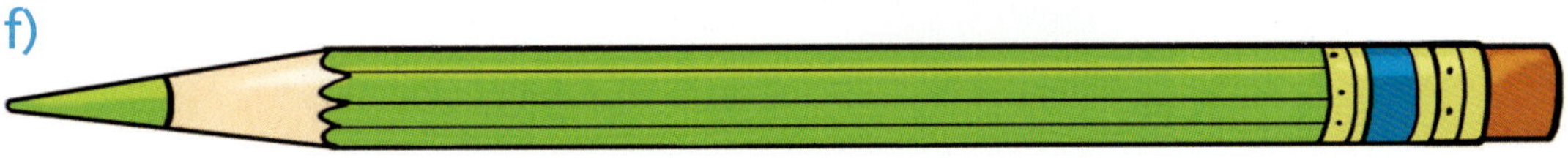

② Miss und zeichne.

a) ⊢—⊣   b) ⊢———⊣

c) ⊢————⊣

d) ⊢—⊣   e) ⊢—————⊣

f) ⊢——————⊣

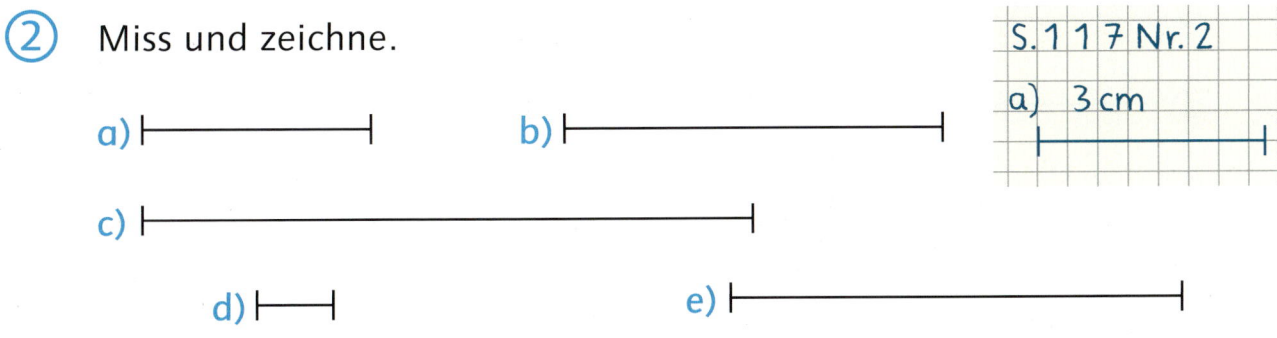

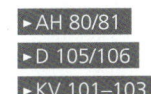

Sprechen
Der Stift ist … cm lang.
Ich zeichne … cm.

Didaktische Information
! Beim Zeichnen von Strecken ist es hilfreich Blanko-Papier zu verwenden; Nullpunkt thematisieren;
D Gegenstände messen und in ein Lerntagebuch eintragen

117

Das kann ich schon

① Ich kann Körpergrößen ordnen.

S. 114

Sarah 1 m 29 cm
Julius 1 m 23 cm
Tom 1 m 36 cm
Marc 1 m 31 cm

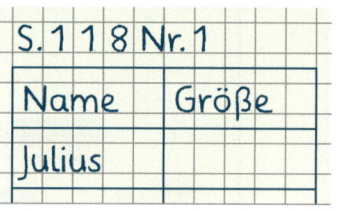

② Ich kann Körpergrößen vergleichen.
Ich schreibe die richtigen Sätze auf.

S. 114

Sarah ist die Größte.
Julius ist der Kleinste.
Tom ist größer als Marc.
Marc ist kleiner als Sarah.

Tom ist 5 cm größer als Marc.
Julius ist 6 cm größer als Sarah.
Sarah ist 3 cm kleiner als Marc.
Marc ist 4 cm kleiner als Sarah.

③ Ich kann zu einem Meter ergänzen.

S. 116

a) 70 cm   b) 95 cm   c) 2 cm   d) 18 cm
e) 50 cm   f) 47 cm   g) 53 cm   h) 34 cm

④ Ich kann mit einem Lineal messen.

S. 117

a) ⊢─────────────────⊣

b) ⊢──────────⊣

c) ⊢────⊣

d) ⊢──────────────────────────────⊣

⑤ Ich kann mit einem Lineal zeichnen.

S. 117

a) 3 cm   b) 8 cm
c) 12 cm   d) 1 cm

Forscherseite

1 Wie heißen die Kinder?

Name	Tim	Nele	Orhan	Sila	Ben
Größe	1 m 38 cm	1 m 24 cm	der Kleinste	1 m 35 cm	der Größte

1 2 3 4 5

2 Wie groß sind die Kinder?
Wie heißen die Kinder?
Zeichne die Tabelle.

1 2 3 4 5

Onur steht neben Jakob.
Das größte Kind heißt Mark.
Onur ist 5 cm größer als das kleinste Kind.
Das kleinste Kind ist 1 m 24 cm groß.
Jakob steht am Rand.
Mark ist 4 cm größer als Anna.
Onur ist 9 cm kleiner als Anna.
Die beiden Mädchen heißen
Anna und Elif.
Anna ist 5 cm größer als Jakob.

S. 119 Nr. 2	1	2	3	4	5
Name					
Größe					

Didaktische Information
Anregungen zum Ausprobieren, Knobeln, Forschen und
Entdecken mit Anforderungen, die über die der vorherigen
Seiten hinausgehen; ▶ Eigene Aufgaben erfinden und in
ein Lerntagebuch eintragen

Geometrische Körper

der Würfel
der Quader
die Kugel
der Zylinder
die Ecke
die Kante
die Fläche
quadratisch
rechteckig

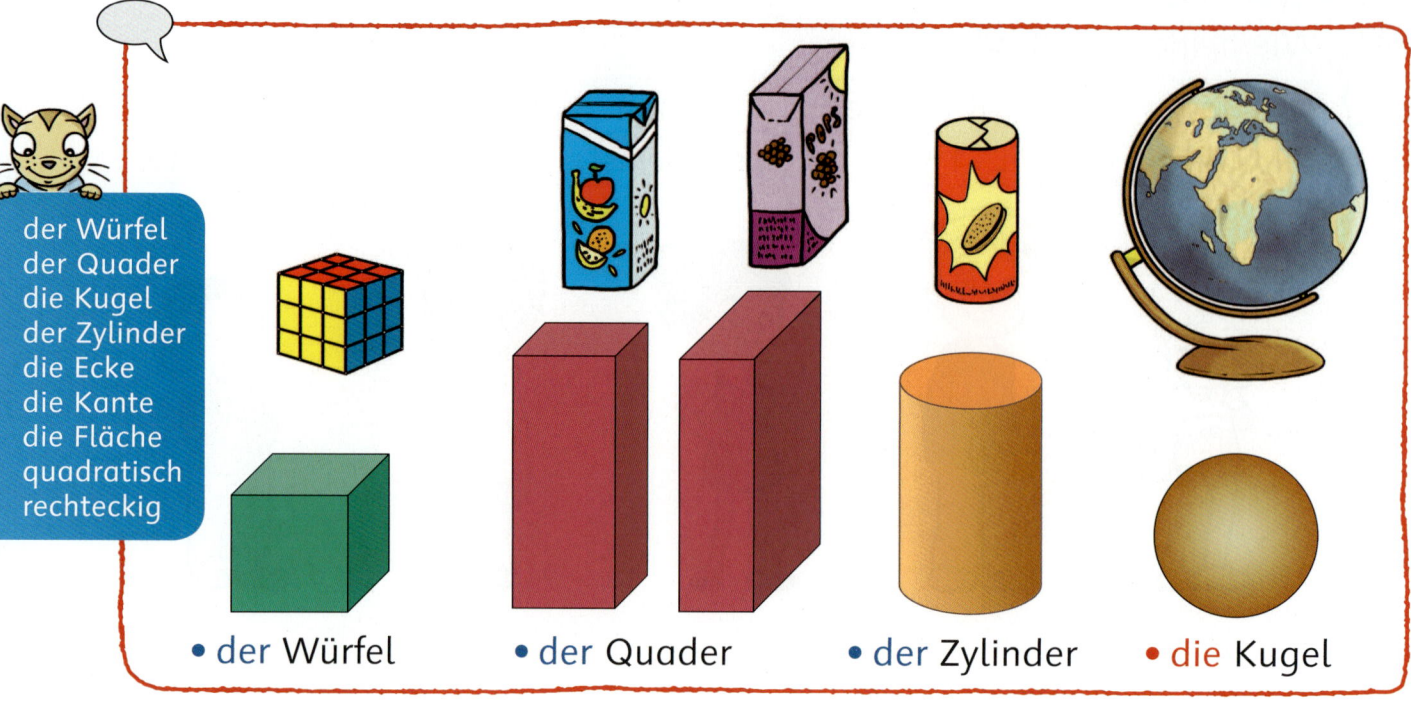

• der Würfel   • der Quader   • der Zylinder   • die Kugel

① Sortiere in eine Tabelle.

6 quadratische Flächen

6 Flächen

2 quadratische und 4 rechteckige Flächen

Alle Flächen sind gleich.

Alle Kanten sind gleich lang.

Alle Flächen sind verschieden.

Alle Kanten sind nicht gleich lang.

S. 120 Nr. 1

der Würfel	der Quader

Der Körper hat 12 Kanten.

Der Körper hat 8 Ecken.

Der Körper hat 6 Flächen.

Der Körper hat 6 quadratische Flächen.

Es ist ein Würfel.

Bauen mit Würfeln

Ich baue ein Würfelgebäude.

① Baue das Würfelgebäude.

a)
0	0	0
2	2	0
2	2	0

b)
3	0	0
3	3	0
0	0	0

c)
0	0	0
0	1	1
0	1	1

d)
0	0	2
0	2	0
0	0	0

② Baue eigene Würfelgebäude.
Schreibe den Bauplan dazu.

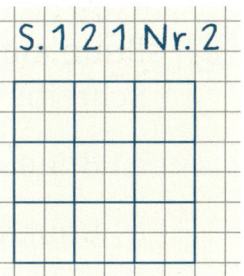

③ a) Baue aus 8 Würfeln einen großen Würfel.

b) Finde den richtigen Bauplan.

c) Baue einen größeren Würfel.
Wie viele Würfel brauchst du jetzt?

d) Baue aus 16 Würfeln einen Würfel.
Was entdeckst du?

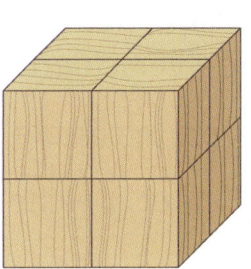

▶ AH 84/85
▶ D 109–112
▶ KV 106/107

💬 **Sprechen**
Ich baue ein Würfelgebäude.

Didaktische Information
Mit freiem Bauen beginnen, dann Bauregeln besprechen; Aufgaben auch kopfgeometrisch lösbar;
3 d unlösbar

Bauen mit Würfeln

① Baue das Würfelgebäude.

a)
0	0	0
2	2	2
0	0	0

b)
0	0	0
3	0	0
3	0	0

c)
1	1	1
1	1	1
0	0	0

d) Vergleiche die Würfelgebäude. Was entdeckst du?

② Baue eigene Würfelgebäude. Schreibe den Bauplan dazu.

a) Baue den kleinsten Quader.

b) Baue einen größeren Quader.

③ Baue aus 12 Würfeln einen Quader. Schreibe den Bauplan dazu. Finde verschiedene Möglichkeiten.

 a) Vergleicht die Baupläne.

b) Findet gleiche Würfelgebäude.

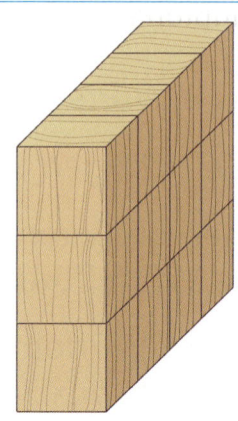

Didaktische Information
Gebäude können an verschiedenen Stellen auf dem Bauplan angeordnet sein

Sprechen
Das Würfelgebäude ist gleich/verschieden/gedreht/...

▶ AH 84/85
▶ D 109–112
▶ KV 106/107

④ Finde gleiche Würfelgebäude.

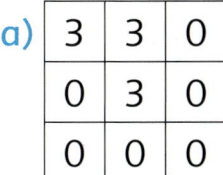

a)
3	3	0
0	3	0
0	0	0

b)
2	0	0
2	2	2
2	0	0

c)
0	0	0
1	2	3
0	0	0

d)
3	2	0
1	0	0
0	0	0

e)
3	0	0
3	3	2
0	0	0

f)
1	0	0
2	0	0
3	0	0

g)
2	3	0
0	1	0
0	0	0

h)
0	0	2
2	2	2
0	0	2

⑤ Baue ein Würfelgebäude.
Schreibe verschiedene Baupläne dazu.

⑥ Vergleiche die Baupläne.
Vergleiche die Würfelgebäude.

2	2	0
2	2	0
0	0	0

0	0	0
2	2	0
2	2	0

Sind die Würfelgebäude gleich oder verschieden?
Begründe.

Die Würfelgebäude   sind gleich,

Die Baupläne   sind verschieden, weil

⑦ a) Baue Würfelgebäude mit 4 Würfeln.
Finde verschiedenen Möglichkeiten.
Schreibe immer einen Bauplan dazu.

b) Vergleiche die Baupläne mit einem Partner.
Findet gleiche Würfelgebäude.

Sprechen
Das Würfelgebäude ist gleich/verschieden/gedreht/ …

Didaktische Information
D Differenzierung durch Nachbauen oder kopfgeometrische Lösung;
D Eigene Baupläne für eine Klassenkartei schreiben

Sechslinge

① Lege verschiedene Sechslinge.
Klebe die Quadrate immer Seite an Seite.
Kannst du einen Würfel falten?

a) b) c)

d) e) f) g)

h) Finde eigene Sechslinge.

② Sortiere deine Sechslinge.
Klebe deinen Sechsling auf das richtige Plakat.

Das ist ein Würfel: Das ist kein Würfel:

gegenüberliegend
die Fläche

③ Falte einen Würfel.
Sind die gegenüberliegenden Flächen angemalt?
Zeichne die richtigen Sechslinge.

a) 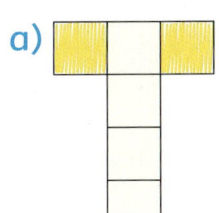 b) 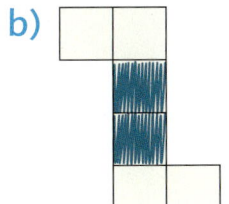 c)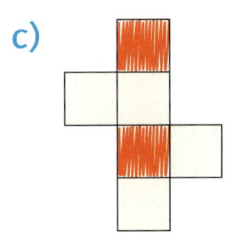

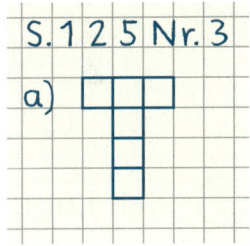

④ Male immer die gegenüberliegenden Flächen an.
Finde verschiedene Möglichkeiten.
Zeichne eine Rätselkarte.

a) 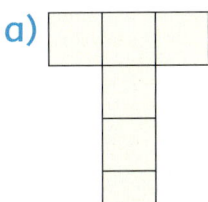 b) 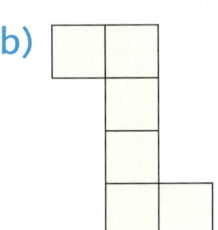 c)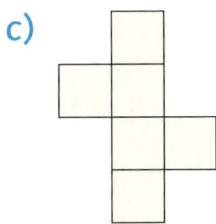

Rätselkarte vorne:

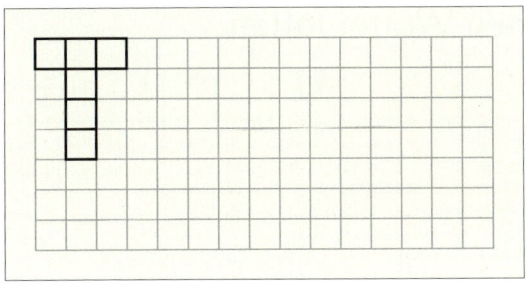

Rätselkarte hinten:

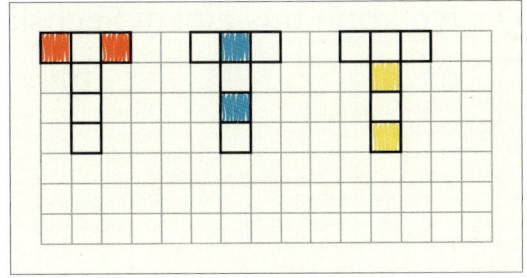

▶ AH 86/87
▶ D 113/114
▶ KV 108–111

Sprechen
Die gegenüberliegenden Flächen sind …

Didaktische Information
D Klassenkartei mit Rätselkarten erstellen

Das kann ich schon

① Ich kann die richtigen Sätze zu einem Würfel oder einem Quader schreiben.

S. 120

Ein Würfel hat
____ Flächen.
____ Kanten.
____ Ecken.
Alle Flächen sind _____ .

Ein Quader hat
____ Flächen.
____ Kanten.
____ Ecken.
Die Flächen sind _____ .

② Ich kann Würfelgebäude nach einem Bauplan bauen.

S. 121 bis S. 123

a)
2	2	2
2	2	2
0	0	0

b)
4	3	2
0	0	1
0	0	0

c)
2	0	0
0	2	0
0	0	2

③ Ich kann mit Würfeln

S. 121 bis S. 123

a) einen Quader bauen.

b) einen Würfel bauen.

Ich kann den Bauplan dazu schreiben.

④ Ich kann Sechslinge bauen.

S. 124

a)   b)   c)

⑤ Ich kann aus einem Sechsling einen Würfel falten.

S. 125

a)   b)   c)

Forscherseite

1 Baue mit Würfeln.
Zähle alle sichtbaren Flächen.
Schreibe in die Tabelle.

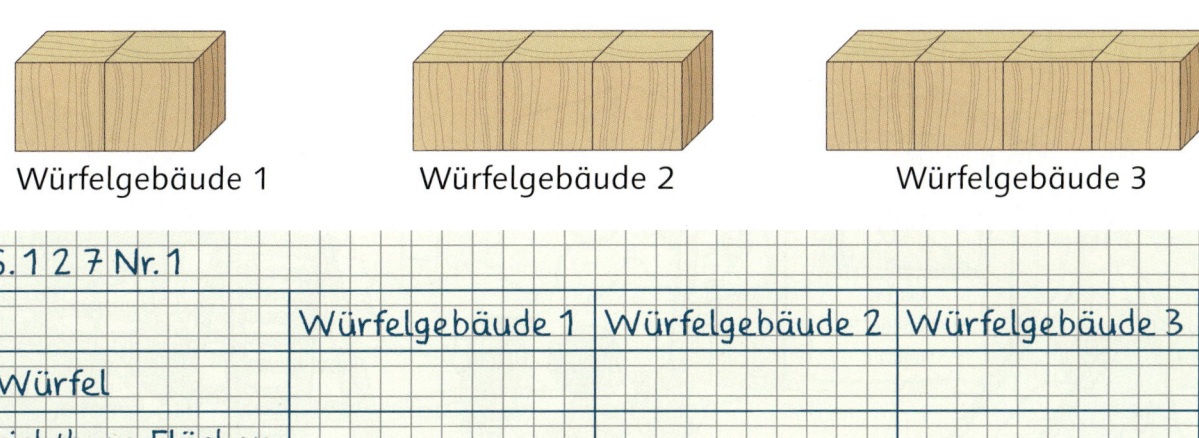

Würfelgebäude 1   Würfelgebäude 2   Würfelgebäude 3

S. 127 Nr. 1

	Würfelgebäude 1	Würfelgebäude 2	Würfelgebäude 3
Würfel			
sichtbare Flächen			

2 a) Baue mit Würfeln.
Zähle alle sichtbaren Flächen.
Schreibe in die Tabelle.

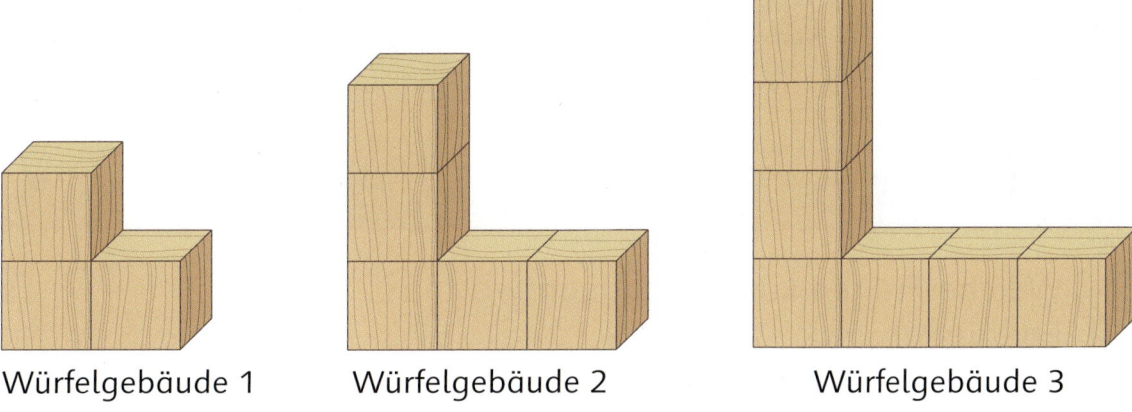

Würfelgebäude 1   Würfelgebäude 2   Würfelgebäude 3

b) Wie geht es weiter?

c) Was entdeckst du?
Vergleiche die Würfel und die sichtbaren Flächen.
Begründe.

d) Gibt es ein Würfelgebäude mit 50 sichtbaren Flächen?
Begründe.

3 Baue eine eigene Würfelgebäude-Reihe.
Überlege dir eine Regel für die Würfelgebäude.

Rechengeschichten 1

① Welche Fragen kannst du beantworten? Erkläre.

a) Wie hoch ist das Klettergerüst?

b) Wie viel Euro kostet ein Eis?

c) Wie viel Geld bekommt Momo zurück, wenn er sich einen Schokoriegel kauft?

d) Wie viele Jungen und wie viele Mädchen sind auf dem Spielplatz?

e) Wer kommt als erstes am Kiosk an?

f) Wie spät ist es?

g) Wie viel Euro kosten 2 Schokoriegel?

h) Wie alt sind die Kinder?

Didaktische Information
Bildanalyse – Zusammenhang zwischen Bild und Frage erläutern; D Eigene Fragen zum Bild erfinden und in ein Lerntagebuch schreiben

 Sprechen
Event. Satzbausteine vorgeben
Ich kann die Frage beantworten / nicht beantworten.
Ich sehe … / Da sind …

▶ AH 88–91
▶ D 115/116
▶ KV 112–119

② Welches Bild passt zu welcher Lösung?
Manchmal passen auch verschiedene Lösungen.

S.129 Nr.2
A 5·3

Bild	Lösungen

A

$12 : 3$

$8 - 6$

$5 + 5 + 5 + 5 + 3$

B

$59\,€ + 35\,€$

1	||
2	||
3	||
4	||
5	|

$5 \cdot 3$

C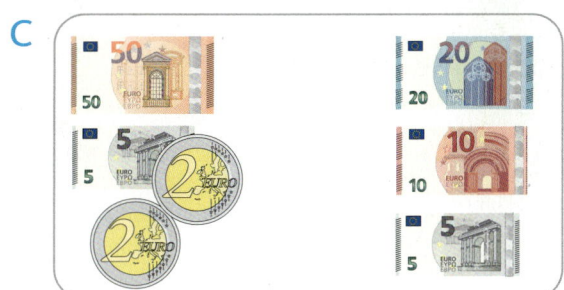

$2 \cdot 1 + 2 \cdot 2 + 2 \cdot 3 + 2 \cdot 4 + 5$

D

$4 + 4 + 4$

$9 + 7 + 5 + 3 + 1$

$14 - 6$

E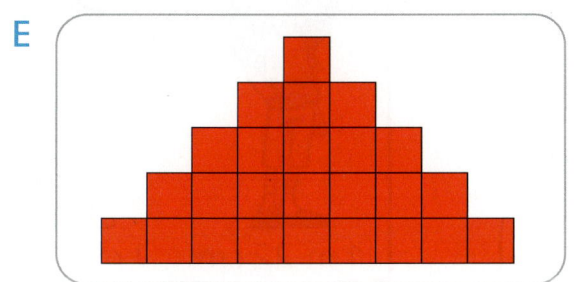

$50 + 20 + 10 + 5 + 5 + 2 + 2$

Rechengeschichten 2

① Welche Rechengeschichte passt zu welcher Lösung?
Manchmal passen auch verschiedene Lösungen.

S.130 Nr.1
A

| Rechengeschichten | Lösungen |

A Emira springt beim Sportfest 1 m weit. Dilara springt 15 cm weniger.

B Frau Koch geht jeden Tag 3 mal mit ihrem Hund spazieren. In der nächsten Woche geht Frau Kochs Mann mit dem Hund.

C Timo hat 25 € gespart. Er kauft sich einen Fußball für 14 €.

D Momo hat 30 Bonbons gekauft. Er teilt sie mit 3 Freunden.

F Die Klasse 2 b hat 24 Kinder. 13 davon sind Mädchen.

Lösungen:
- 30 : 3
- 100 − 15
- 25 − 14
- 3 + 3 + 3 + 3 + 3 + 3 + 3
- 15 + ☐ = 100
-
- 1 m + 15 cm
- 7 · 3
- 30 : 4
- 24 − 13
- 14 + 25

②  Schreibe eigene Rechengeschichten.

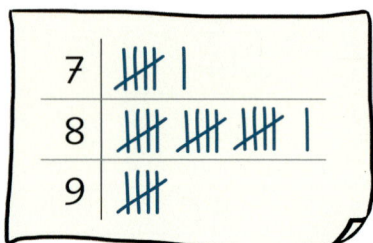

5 · 7

36 : 4

59 € + 35 € + 9 €

1 m 22 cm   1 m 34 cm

③ Finde die passende Frage und Lösung zur Rechengeschichte.

Rechengeschichten	Fragen	Lösungen
A Matteo geht in den 6 Wochen Sommerferien jede Woche 2 mal ins Freibad.	Wie warm ist das Wasser im Freibad?	8 + 5
	Wie alt wird Timo?	6 + 24
B Heute ist der 6. Juni. Am 24. Juni hat Timo Geburtstag.	Wie viele Kinder spielen nun zusammen Fußball?	6 · 2
		6 + ☐ = 24
C Auf dem Schulhof spielen 8 Kinder Fußball. Momo und seine 5 Freunde kommen dazu und spielen mit.	Wie oft geht Matteo in den Ferien schwimmen?	8 + 1 + 5
	Wie viele Tage sind es noch bis zu Timos Geburtstag?	65 cm + 65 cm
		8 cm + 5 cm + 1 cm
D Milan hat einen Hund. Sein Hund ist 65 cm groß. Milan ist doppelt so groß wie sein Hund.	Wie groß ist Milan?	65 + 55
	Wie heißen Momos 5 Freunde?	

④ Schreibe eine passende Frage und Lösung zur Rechengeschichte.

A Lisas Mutter kauft für 38 € ein. Sie bezahlt mit einem 50 €-Schein.

B Mia hat 56 Sticker gesammelt. Emira hat 15 Sticker mehr.

Skizzen

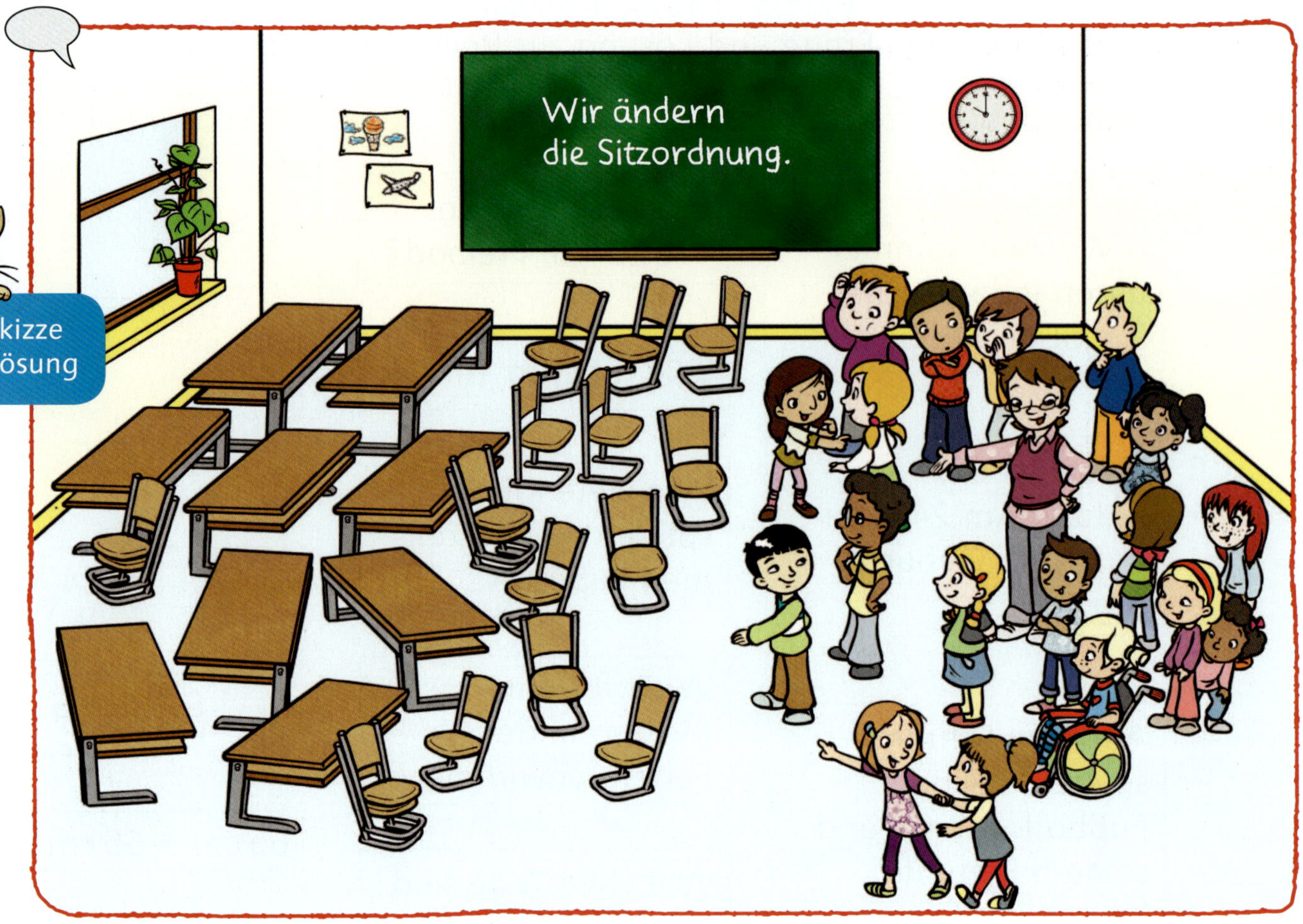

die Skizze
die Lösung

> Wir ändern die Sitzordnung.

① Beschreibe das Bild.

② Beschreibe. Diese Wörter können dir helfen.

die Gruppe
die Skizze
Vierertische
die Aufteilung
hintereinander
nebeneinander
der Lösungsweg

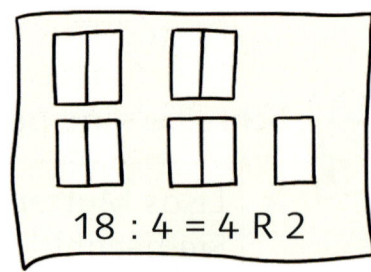

18 : 4 = 4 R 2

Didaktische Information
Situation mit Bau- und Spielsteinen nachspielen lassen; Handlungssequenz sprachlich begleiten; Skizzen an die Tafel malen

Sprechen
Event. Satzbausteine vorgeben
Ich sehe … / Da sind …
In der Skizze von …

►AH 88–91
►D 121/122
►KV 112–119

③ In einer Klasse sind 25 Kinder.
Die Klasse braucht eine neue Sitzordnung.
Kein Kind soll alleine sitzen.
Welche Skizzen passen?

A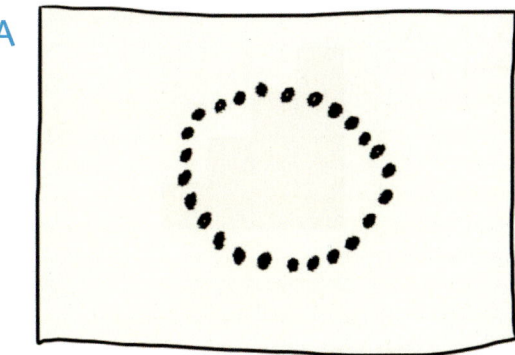

B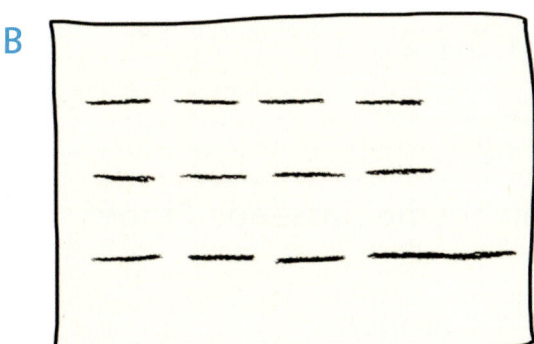

C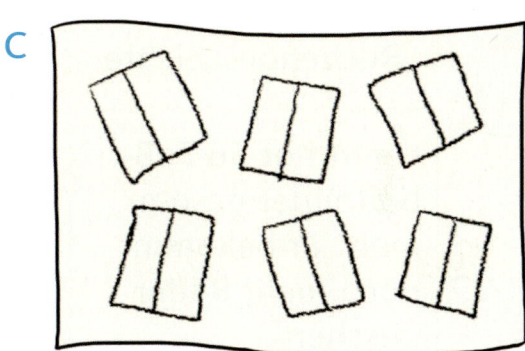

D

E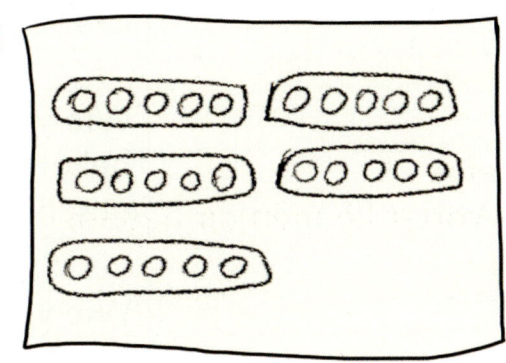

④ In der Klasse 2a sind 23 Kinder. Es sind 13 Mädchen und 10 Jungen. Sie haben 12 Tische.
Finde eine Sitzordnung für die Klasse 2a.
Zeichne eine Skizze.

⑤ Finde eine neue Sitzordnung für deine Klasse.
Zeichne eine Skizze.
Vergleiche mit einem Partner.

▸AH 88–91
▸D 121/122
▸KV 112–119

Sprechen
Event. Satzbausteine vorgeben
In der Skizze A sind …
In meiner Skizze sind …
Die neue Sitzordnung für unsere Klasse ist …

Didaktische Information
Skizzen beschreiben lassen; Für 4 und 5 Material zur Verfügung stellen

Das kann ich schon

① Ich kann Lösungen den Bildern zuordnen.

S. 129

A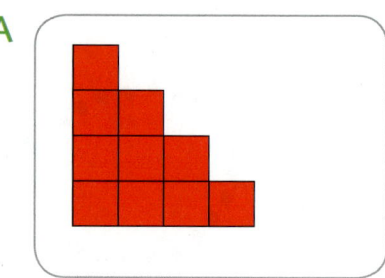

12 : 4

4 · 4

4 + 3 + 2 + 1

B

② Ich kann zu einer Rechengeschichte die passende Frage und Lösung finden.

S. 130 bis S. 131

Rechengeschichte	Fragen	Lösungen
Umut hat 56 Fußballbilder gesammelt. Er bekommt noch mehr Bilder geschenkt. Dann hat er 72.	Wie viele Bilder hatte Umut vorher?	8 · 9
	Wie viele Bilder braucht Umut noch bis sein Album voll ist?	72 − 56
		56 + ☐ = 72
	Wie viele Bilder bekommt Umut geschenkt?	72 : 56
		8 · 7
	Wie viele Bilder hat Umut jetzt?	56 + 72

③ Ich kann eine Skizze zu einer Rechengeschichte zeichnen.

S. 132 bis S. 133

A In der Klasse 2c sind 29 Kinder. Kein Kind soll alleine sitzen.

B Natalia ist 1 m 24 cm groß. Emira ist 8 cm kleiner.

Didaktische Information
Aufgaben zur Selbstüberprüfung und Selbsteinschätzung

Forscherseite

① Die Klasse von Momo und Emira hat ein Ideen-Netz zu Haustieren erstellt.

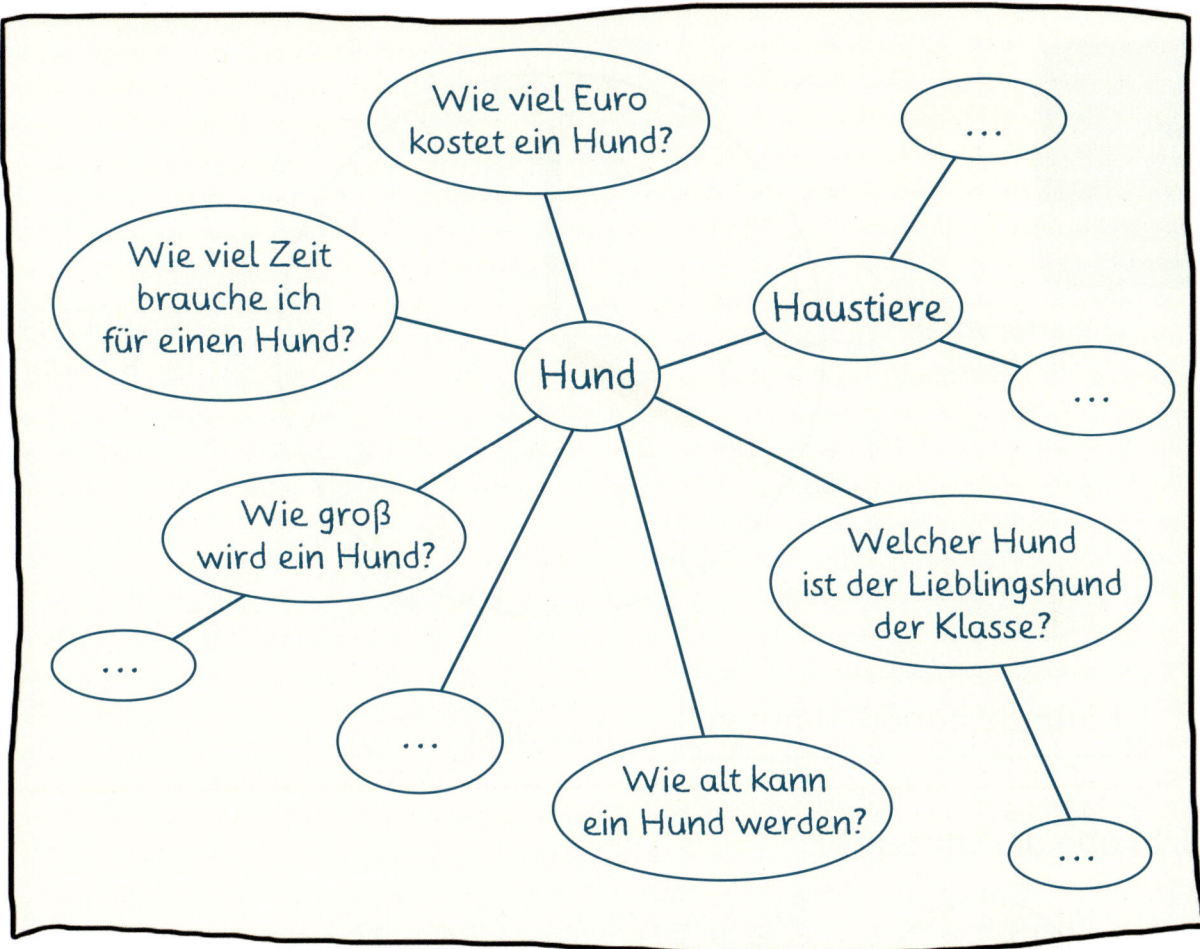

a) Suche dir eine Frage aus, die dich beim Thema Hund interessiert.

b) Suche Informationen zu deiner Frage.
   Hier kannst du dich informieren:

c) Erstelle ein Lernplakat zu deiner Frage.
   Auf deinem Lernplakat können diese Dinge zu sehen sein:
   • deine Frage
   • wichtige Informationen
   • ein Bild
   • dein Lösungsweg

Didaktische Information
Anregungen zum Ausprobieren, Knobeln,
Forschen und Entdecken mit Anforderungen,
die über die der vorherigen Seiten hinausgehen

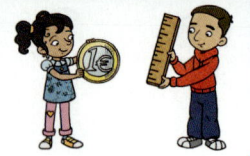

Zeitpunkte

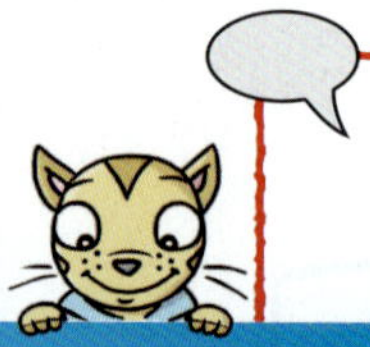

die Stunde
die Minute
Viertel nach
Viertel vor
der Minutenzeiger
der Stundenzeiger

8 Uhr

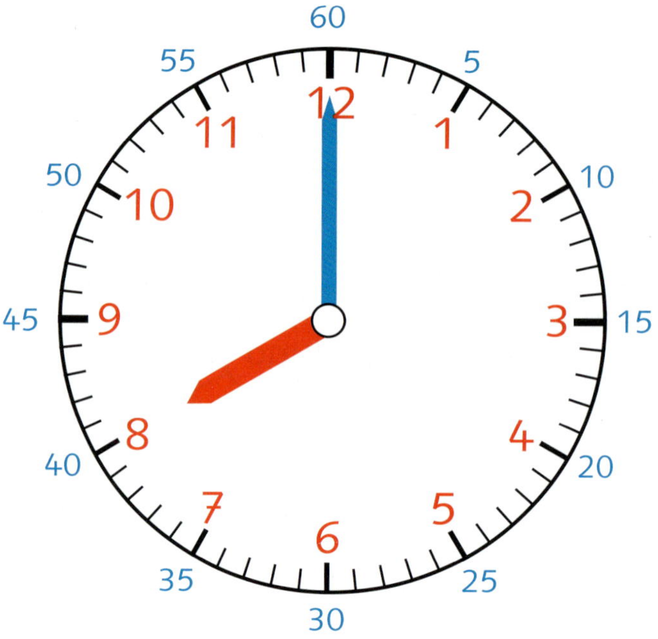

Viertel vor 9
8.45 Uhr

Viertel nach 8
8.15 Uhr

1 Stunde hat 60 Minuten.

halb 9
8.30 Uhr

Schreibe die Uhrzeit.

① a) b) c)

S. 136 Nr. 1

a) 5 Uhr
17 Uhr

② a) b) c)

S. 136 Nr. 2

a) 5.15 Uhr
17.15 Uhr
Viertel nach 5

③ a) b) c)

S. 136 Nr. 3

a) 5.30 Uhr
17.30 Uhr
halb 6

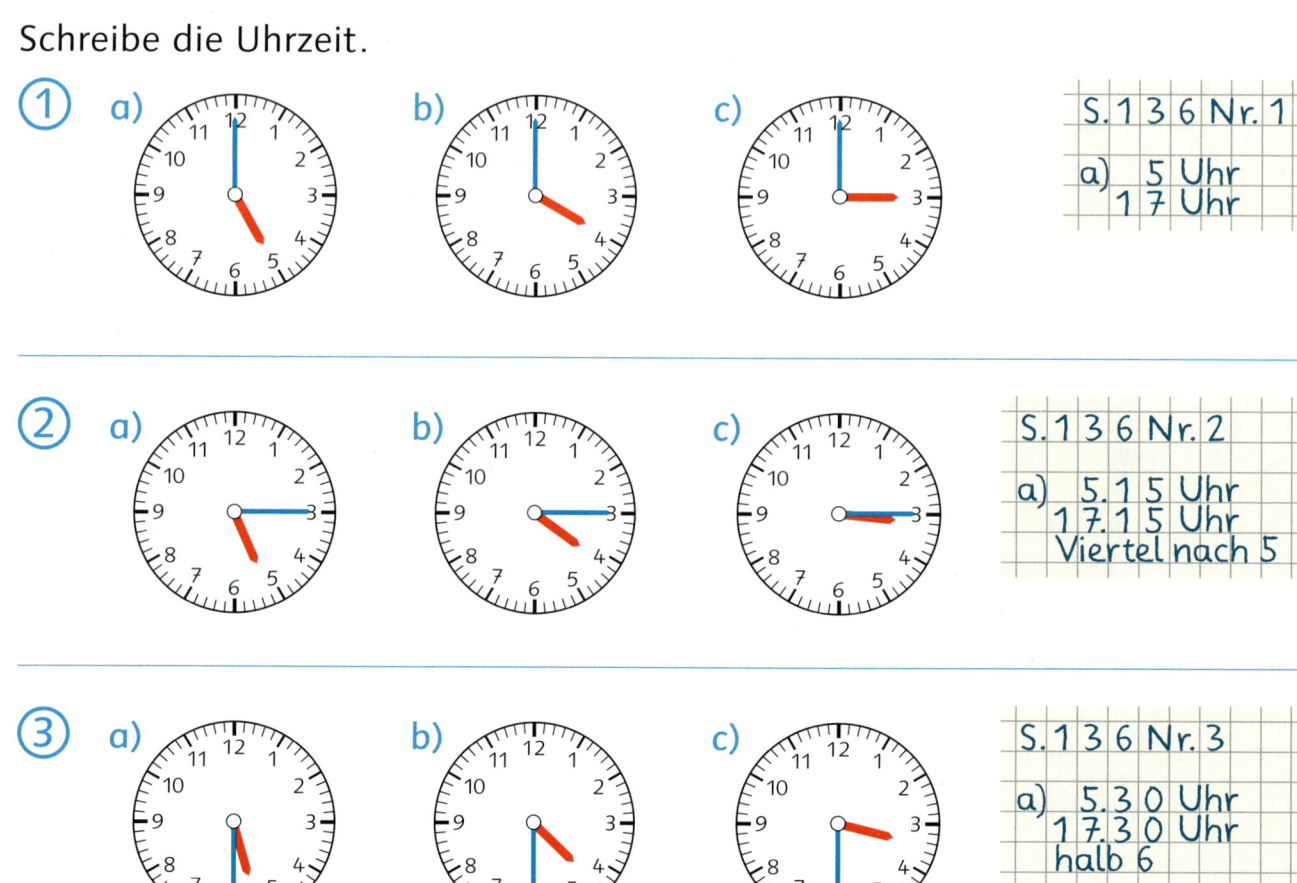

Didaktische Information
Uhrzeiten der ersten und zweiten Tageshälfte benennen
Uhrzeiten immer einstellen lassen (Kartonbeilage)

Sprechen
Wie spät ist es? Es ist 8 Uhr / Viertel nach 8 / halb 8 / Viertel vor / 8.15 Uhr / 8.30 Uhr / 8.45 Uhr / 20.15 Uhr / 20.30 Uhr / 20.45 Uhr
! Sprechweise ist anders als Schreibweise

▸ AH 92/93
▸ D 123/124
▸ KV 120, 122, 124, 125

④ Schreibe die Uhrzeit.

a) 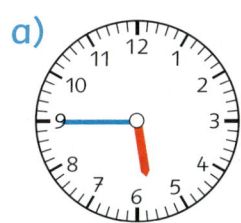 b) 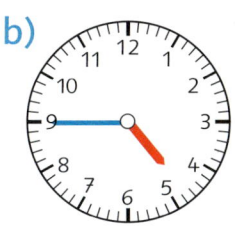 c)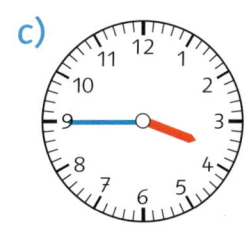

S.137 Nr.4
a) 5.45 Uhr
   17.45 Uhr
   Viertel vor 6

⑤ Schreibe die Uhrzeit.

a) 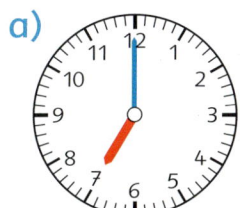 b) 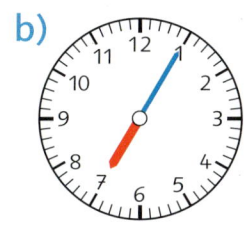 c) 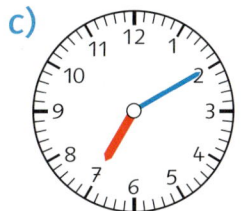 d)

e) Wie geht es weiter?

⑥ Stelle die Uhrzeit ein.

a) 14.00 Uhr	b) 15.15 Uhr	c) 14.30 Uhr	d) 12.45 Uhr
15.00 Uhr	10.15 Uhr	16.30 Uhr	15.45 Uhr
7.00 Uhr	8.15 Uhr	9.30 Uhr	17.45 Uhr
21.00 Uhr	20.15 Uhr	11.30 Uhr	11.45 Uhr

⑦ Welche Uhrzeiten sind für dich wichtig?
Schreibe die Uhrzeit auf.
Male oder schreibe dazu.

Wie spät ist es?

Es ist 3 Uhr und 15 Minuten oder 15 Uhr und 15 Minuten.

▶ AH 92/93
▶ D 123/124
▶ KV 120, 122, 124, 125

Sprechen
Wie spät ist es? Es ist 7 Uhr / 7 Uhr und 5 Minuten / 7 Uhr und 10 Minuten ….
D 7.00 Uhr ist für mich wichtig, weil ich dann aufstehe. (Begründung)

Didaktische Information
Uhrzeiten der ersten und zweiten Tageshälfte benennen
Uhrzeiten einstellen lassen (Kartonbeilage)
Wichtige eigene Zeitpunkte benennen

Zeitspannen

die Zeit

1 Ordne die Sätze den Bildern zu.

a) Umut kann noch 1 Stunde Fußball spielen.

b) Umut geht 2 Stunden Fußball spielen.

c) Umut spielt 3 Stunden Fußball.

d) Umut hat von 15.00 Uhr bis 17.00 Uhr Training.

e) Umut hat 2 Stunden Fußball gespielt.

S.137 Nr.1
15 Uhr   Umut

---

2 Wie viel Zeit ist vergangen?

a)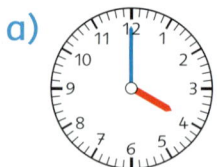

S.137 Nr.2
a) 4.00 Uhr —2 Stunden→ 6.00 Uhr
16.00 Uhr ⎯⎯⎯⎯→

b)    c)

d)    e)

---

3 a) Wie spät ist es in 2 Stunden?

17.00 Uhr   3.00 Uhr
10.00 Uhr   20.00 Uhr

S.137 Nr.3
a) 17.00 Uhr —2 Stunden→

b) Wie spät ist es in 5 Stunden?

5.45 Uhr   15.30 Uhr
13.15 Uhr   17.00 Uhr

Kalender

Januar (1. Monat)	Februar (2. Monat)	März (3. Monat)	April (4. Monat)	Mai (5. Monat)	Juni (6. Monat)
3 10 17 24 31	7 14 21 28	7 14 21 28	4 11 18 25	2 9 16 23 30	6 13 20 27
4 11 18 25	1 8 15 22	1 8 15 22 29	5 12 19 26	3 10 17 24 31	7 14 21 28
5 12 19 26	2 9 16 23	2 9 16 23 30	6 13 20 27	4 11 18 25	1 8 15 22 29
6 13 20 27	3 10 17 24	3 10 17 24 31	7 14 21 28	5 12 19 26	2 9 16 23 30
7 14 21 28	4 11 18 25	4 11 18 25	1 8 15 22 29	6 13 20 27	3 10 17 24
1 8 15 22 29	5 12 19 26	5 12 19 26	2 9 16 23 30	7 14 21 28	4 11 18 25
2 9 16 23 30	6 13 20 27	6 13 20 27	3 10 17 24	1 8 15 22 29	5 12 19 26

Juli (7. Monat)	August (8. Monat)	September (9. Monat)	Oktober (10. Monat)	November (11. Monat)	Dezember (12. Monat)
4 11 18 25	1 8 15 22 29	5 12 19 26	3 10 17 24 31	7 14 21 28	5 12 19 26
5 12 19 26	2 9 16 23 30	6 13 20 27	4 11 18 25	1 8 15 22 29	6 13 20 27
6 13 20 27	3 10 17 24 31	7 14 21 28	5 12 19 26	2 9 16 23 30	7 14 21 28
7 14 21 28	4 11 18 25	1 8 15 22 29	6 13 20 27	3 10 17 24	1 8 15 22 29
1 8 15 22 29	5 12 19 26	2 9 16 23 30	7 14 21 28	4 11 18 25	2 9 16 23 30
2 9 16 23 30	6 13 20 27	3 10 17 24	1 8 15 22 29	5 12 19 26	3 10 17 24 31
3 10 17 24 31	7 14 21 28	4 11 18 25	2 9 16 23 30	6 13 20 27	4 11 18 25

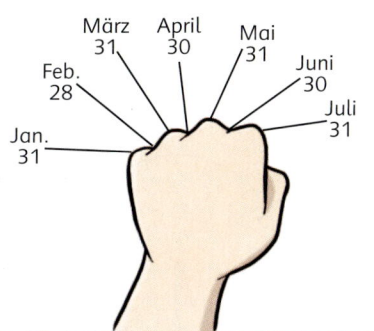
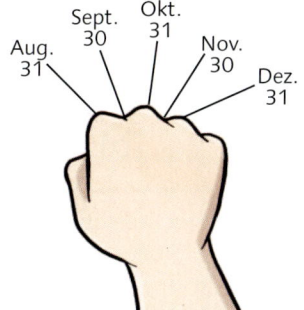

Ein Jahr hat 12 Monate.
Eine Woche hat 7 Tage.

Mit den Händen kannst du dir die Anzahl der Tage in jedem Monat merken.

der Kalender
das Jahr
der Monat
die Woche
der Tag

① a) Welche Monate haben 31 Tage?

   b) Welche Monate haben 30 Tage?

   c) Was fällt dir auf?

> S. 139 Nr. 1
> a) 31 Tage

② Wann haben die Kinder in deiner Klasse Geburtstag? Frage 10 Kinder.

> S. 139 Nr. 2
> Name | Geburtstag

③ Schreibe das Datum mit Zahlen auf.

   a) 25. Januar   b) 14. März   c) 17. Mai

   d) 13. September   e) 8. November   f) 24. Dezember

> S. 139 Nr. 3
> a) 25.1.

④ Schreibe das Datum.   Heute ist der ☐.
                                Gestern war der ☐.
                                Morgen ist der ☐.

▶ AH 95
▶ D 127/128
▶ KV 123

Sprechen
*Wie heißen die Monate? Die Monate heißen …
Wie viele Tage hat der Monat Januar? Der Monat Januar hat 31 Tage. Wie heißt der erste Monat (des Jahres)?
Der erste Monat heißt Januar.*

Didaktische Information
Lernen, sich in einem Kalender zu orientieren (Monate, Wochentage, Datum, Anzahl der Tage);
D Einen eigenen Tages- oder Wochenplan erstellen;
5 als Ritual für jeden Tag

Das kann ich schon

① Ich kann die Uhrzeiten aufschreiben.

a) 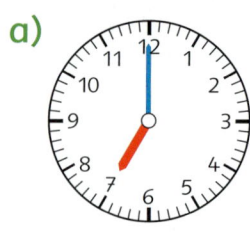 b) 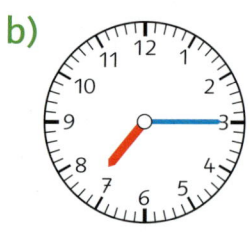 c) 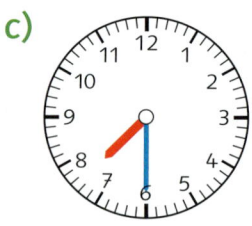 d)

e)  f) 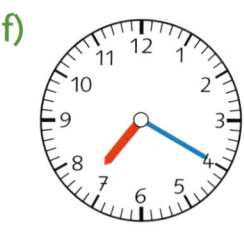 g) 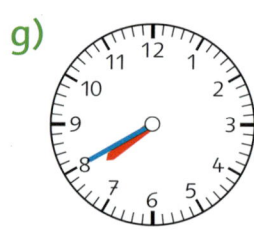 h)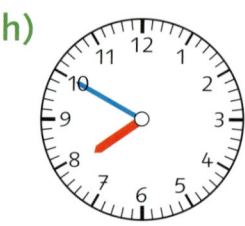

② Ich kann aufschreiben, wie viel Zeit vergangen ist.

a)  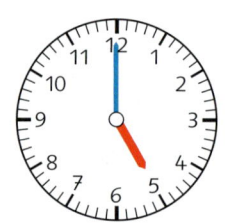 b)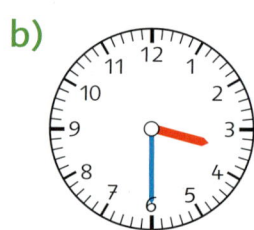

③ Ich kann aufschreiben, wie spät es in 4 Stunden ist.

a) 18.00 Uhr

b)   4.00 Uhr

c) 12.00 Uhr

④ Ich kann das Datum mit Zahlen schreiben.

a) 27. Februar

b) 15. Oktober

c) 15. September

⑤ Ich kann das Datum schreiben.

Heute ist der ☐ .

Gestern war der ☐ .

Morgen ist der ☐ .

Forscherseite

① **Was kannst du in einer Minute schaffen?**

S. 1 4 1 Nr. 1

a) Ich kann in einer Minute

a)
b)
c)
d)
e)

② **Wie viel schaffst du in einer Minute?**

S. 1 4 1 Nr. 2

a) Ich schaffe in einer Minute

a)
b)
c)
d)
e)

③ Wie viele Schultage hat dieses Jahr?

④ In wie vielen Tagen hast du Geburtstag?

Sprechen
Was kannst du in einer Minute schaffen?
Ich kann in einer Minute …
Wie viel schaffst du in einer Minute?
Ich schaffe in einer Minute …

Didaktische Information
Anregungen zum Ausprobieren, Knobeln, Forschen und Entdecken mit Anforderungen, die über die der vorherigen Seiten hinausgehen

Basiswissen

S. 16 und S. 20 — Zehner und Einer   Hundertertafel

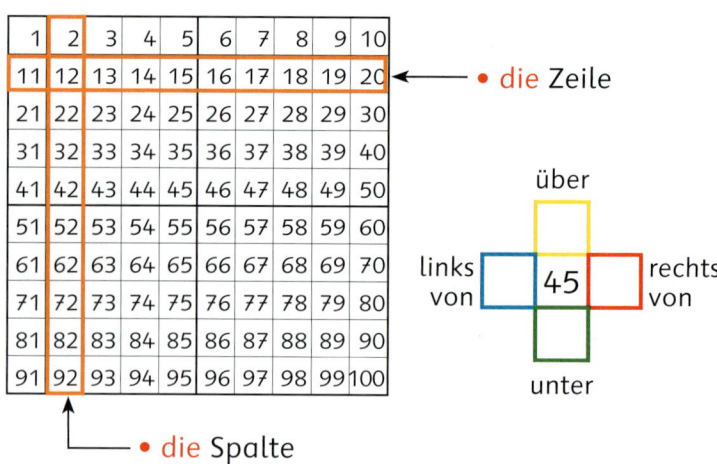

S. 56 — Rechenwege bei Plusaufgaben

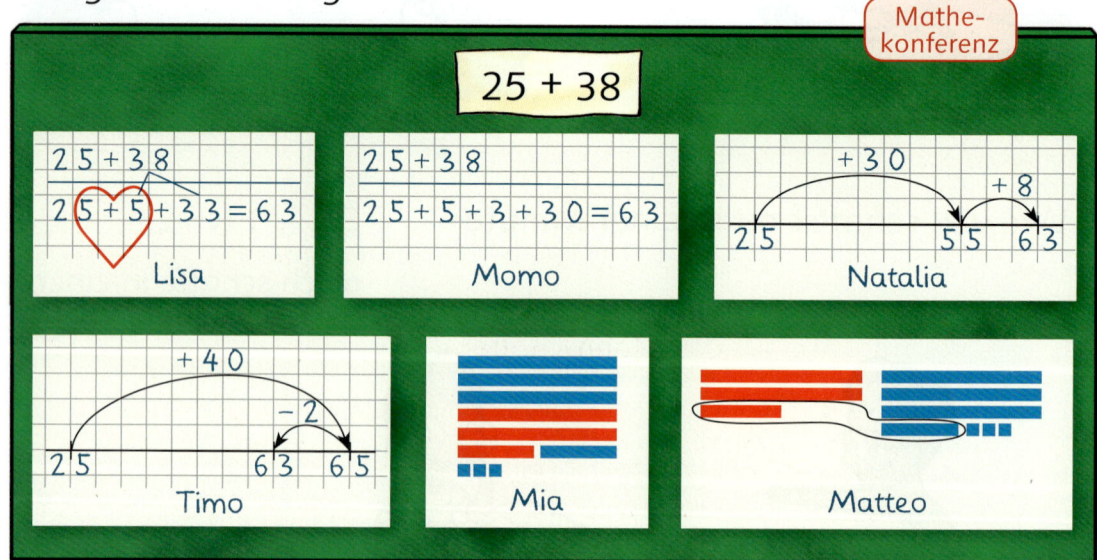

S. 58 — Rechenwege bei Minusaufgaben

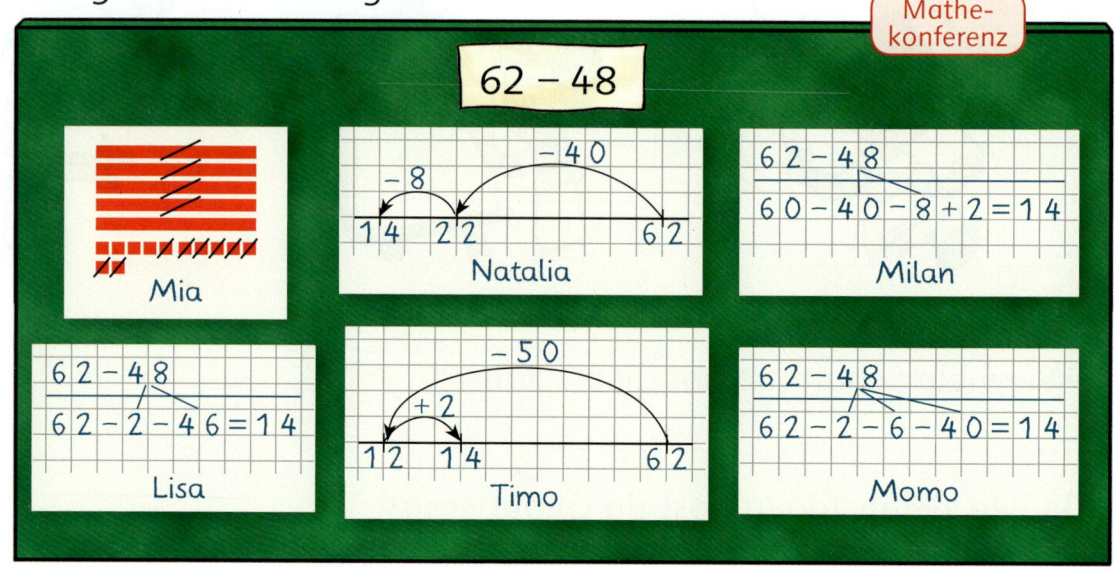

Malnehmen S. 74

4 + 4 + 4 = 12
3 mal 4 = 12
3 · 4 = 12

Teilen S. 102

24 Kinder   3 Mannschaften   8 Kinder in jeder Mannschaft

24 : 3 = 8
24   geteilt durch 3   gleich 8

Geld S. 94

Längen

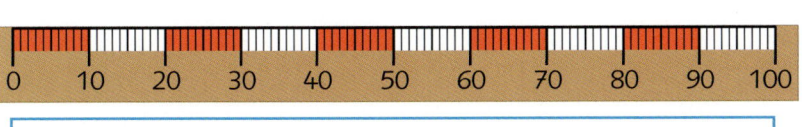

1 Meter hat 100 Zentimeter   1 m = 100 cm

Zeit S. 113 und S. 136

Mathematik
2
Schülerbuch

Erarbeitet von
Ümmü Demirel, Astrid Deseniss, Claudia Drews, Christina Hohenstein, Christian Grulich, Anne Schachner, Susanne Ullrich, Christine Winter und der Cornelsen Redaktion Primarstufe

Beratung
Yurdakul Çakır, Lilo Verboom

Begutachtet von
Barbara Busch, Dietzenbach; Eva Skrypnik, Lörrach; Dominic Smeets, Ludwigshafen

Redaktion
Mario Hanschmann-Neubert und Antje Stadermann

Illustration
Doris Umschaden

Christine Wächter S. 29 (Faltanleitung), S. 121 unten, S. 122 unten, S. 127 (Würfelbauten), Geld (Scheine und Münzen)

Layoutkonzept und Umschlaggestaltung
Katharina Wolff-Steininger und Rosendahl Berlin

Layout und technische Umsetzung
Checkplot Anker & Röhr

Bildquellen
S. 94 (Münzen aus Belgien, Finnland und Frankreich) © Europäische Zentralbank
S. 112 (Cover) © Bajazzo Verlag

www.cornelsen.de

1. Auflage, 7. Druck 2023

© 2012 Cornelsen Verlag, Berlin
© 2018 Cornelsen Verlag GmbH, Berlin

Das Werk und seine Teile sind urheberrechtlich geschützt.
Jede Nutzung in anderen als den gesetzlich zugelassenen Fällen bedarf der vorherigen schriftlichen Einwilligung des Verlages.
Hinweis zu §§ 60a, 60b UrhG: Weder das Werk noch seine Teile dürfen ohne eine solche Einwilligung an Schulen oder in Unterrichts- und Lehrmedien (§ 60b Abs. 3 UrhG) vervielfältigt, insbesondere kopiert oder eingescannt, verbreitet oder in ein Netzwerk eingestellt oder sonst öffentlich zugänglich gemacht oder wiedergegeben werden.
Dies gilt auch für Intranets von Schulen.

Druck: AZ Druck und Datentechnik GmbH, Kempten

ISBN 978-3-06-082041-2